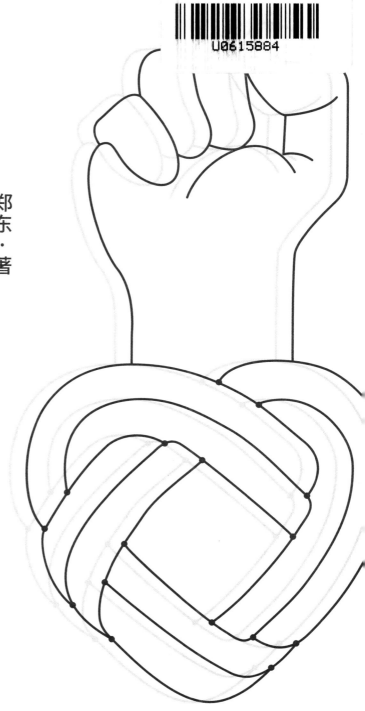

# 心智领导力

—— 由内而外的领袖智慧

郑东 · 著

经济管理出版社
ECONOMY & MANAGEMENT PUBLISHING HOUSE

U0615884

**图书在版编目（CIP）数据**

心智领导力——由内而外的领袖智慧／郑东著. —北京：经济管理出版社，
2020.6

ISBN 978-7-5096-7140-5

Ⅰ. ①心… Ⅱ. ①郑… Ⅲ. ①企业领导学—通俗读物 Ⅳ. ①F272.91-49

中国版本图书馆 CIP 数据核字（2020）第 093443 号

组稿编辑：乔倩颖

责任编辑：张　艳　乔倩颖

责任印制：任爱清

责任校对：陈晓霞

出版发行：经济管理出版社

　　　　　（北京市海淀区北蜂窝 8 号中雅大厦 A 座 11 层　100038）

网　　址：www. E-mp. com. cn

电　　话：(010) 51915602

印　　刷：三河市延风印装有限公司

经　　销：新华书店

开　　本：720mm×1000mm /16

印　　张：11

字　　数：130 千字

版　　次：2020 年 6 月第 1 版　　2020 年 6 月第 1 次印刷

书　　号：ISBN 978-7-5096-7140-5

定　　价：48.00 元

前言
Preface

　　花开花落演绎出绽放的生命，如同人生经历失败与成功，不光是为了吸取教训，更重要的是为了成功而更加努力，去创造更多新的东西，获取更大的成功。生命不仅是为了活着而活着，一个人心智有多美好就能发挥出多么强大的影响力与推动力。不论是男人还是女人，只要心智足够好，在家里，你可以领导一个家庭走向富裕与幸福；在企业里，你可以领导一个团队创造奇迹，使企业"弯道超车"，"直道"突飞猛进，成就不平凡业绩。

　　人生就如同鸡蛋，从外面打破是压力，从内部打破是成长。从赋予小鸡生命开始，它就一直健康茁壮地成长，它向往的是成长的价值，却不知道等待它长大就离不开被人类宰杀并吃掉的命运。如果它知道自己的这种命运，也许它就不会选择长大。而人生却可以经历不断的学习、体验、修行、改进与突破，使自己不断变聪明，心智越来越好、越来越强，能够超然于物外，从此掌控事物为己所用，心智领导力逐渐形成气势、形成动力，去驱动和影响一大批人为美好的事业与未来不断奋斗。

心智领导力从多维层面去展现人的内在运作和外在行为之间的关系，并让你看到如何从有形的管理到无形的自治。心智领导力不再只是某一方面的领导能力，而是一种发自内心的领袖智慧。

心智领导力的成熟从自我学习，再融会贯通进行有效的凝聚与内敛，使自己的心智由理想化向理性化逐步成熟起来，通过自己或见识别人在一个个失败与成功的事例中重新发现自己、改变自己，让自己从固定思维中解放出来，学会洞察自我，让自己慢慢变强，并洞察他人，从而懂得救急如救火，获得宝贵的经验，洞察万事万物，找到可以开发和利用的规律。

不要放过任何一次接触的机会，进一步明白如何成为自己信念和情绪的主人，你清晰了下一步的方向，就拥有了成为一个真正领导者的信念和态度，再付诸于实践行动，从认识与发现自身存在的价值和潜力中走出一条自己的路，彻底释放实现专业领域目标或人生目标的独特领导力和能力，赋予个人强烈责任感和动机感，主动发现问题、解决问题，自觉地设计好个人乃至所在单位美好的未来图景。将个人信心融入团队向心力中，反省你的信念和管理决策。调整好心态，淘汰落后观念，发现并激发潜力，增强个人自信与团队自信，彼此沟通促进有效协调，能迈出一大步绝不迈一小步，打造非凡的专业团队和企业文化，带领企业迈向卓越的巅峰。

每个人都是在每天的工作、学习与生活中感知一切，从而得知自己该怎么做。心智领导力其实就是透过现象看本质，彻底了解心智运作的规律，掌握其动机和目标，使其成为一种可靠的领导力。它是自我意识的显现，因个人能力而异，虽然不可造就同一个优秀的企业家，却可在认知与借鉴中有更多感悟、更多觉醒，这也需要进一步学习，需要不断突破，需要去实践验证。从愚笨到聪明再到卓越的"人"的真正本质，是实现成功飞跃的过程。突破人类心理设限的能力，掌握自己与他人的心智模式是提升心智领导力的关键。运用高效的心智管理技术，衍生出卓越的领导风格，你想要什么层级的心智领导能力，就需要凝聚更加丰富的领导思维与智慧。

中国企业管理经历"管事""管人"的阶段后，正朝着"管心"方向发展，而心智领导力正是解决这种过去式的局面——企业管理中依靠他人"被动"管理，将管理的自主权还给被管理者，实现从"被管理者到自我管理"的革命性转变，由隐蔽管理到透明管理、科学管理、人我管理，从而极大地解决企业管理中管理模式的复杂性和管理成本居高不下的问题，增强了企业员工的凝聚力和员工的积极性。

中国有许多企业，它们有的光辉一时，而后轰然倒下，或者无奈地悄然淹没在创业大潮之中；有的高歌猛进，成为所在行业的象征与代表。无论你身处何种岗位，心智领导力都尤其重要，因为你和你的团队的心智领导力强弱将决定企业的未来。那么我们究竟需要进行哪些心智上的修炼，如何逐步蜕变出我们自己的领袖智慧，才能成就强大心智领导力，才有可能让企业成就辉煌呢？又有哪些心智修炼模式，可以激发心智动力，能够实时提高我们的工作应用能力，引爆团队工作效率？

目录
Contents

第一章

# 不一样的心智领导力，
# 不一样的领袖智慧

# 第一节　如何磨炼心智，提升心智领导力

心智是一种心灵升华的智慧，从内心世界里凝练出来的个人才华展示。"智"者，从"日"从"知"从"矢"，从少知到多知，从小智到大智，从质变到量变，再从量变到质变，历经不断的凝练、不断的升华。非大觉大悟难以成为智者，通过日积月累的感知与认识，知道的知识越来越多，发展到海量的知识汇聚，从幼稚到慧智到睿智，从小量到大量到矢量，发生翻天覆地的变化。

你有没有发现，单说一个"智"字，得"智"者，就将获得无穷力量。我们的祖先多么智慧，在远古时期造字就概括了这么深远的话题，甚至指向了我们正待开发还没有进入的量子科技、矢量世界的科技革命时代。那时候他们有什么条件，现在我们有什么条件？生活在这么优越的生活条件和高度文明的发展空间，我们还有什么理由不认真磨炼我们的心智，去奋斗攻关，去解开那些未解的科学之谜，来提升我们的生活质量呢？

什么样的性情决定你有什么样的兴趣与热情，这就是你心智的原始耕地，你要管理好耕地就要进行人生目标与发展道路的规划，哪怕目前有些不切实际，有些条件不具备，但我们可以从现在起就努力弥补这些不足，不会就要花大力气去学会。老师不一定是伟大的领袖，不一定是强大的企业家，不一定是博学家，但他一定是深入研究这些大家后，总结了他们成功的生活经验、管理能力智慧，能够将这些道理讲给你听，让你走捷径，能够胜利到达彼岸的那个人。笔者在这里就是要完成这样一个使命，将所知传道给你，让你所晓，对你有用。我们说一个人内心有多强大就有多大的舞台，心中有智慧道路无限长，只要你有能力走下去，你就是一个卓有成效的人。

心智是知道你心路历程的意识形态的"人"，它指引着你前进的方向，指挥着你的心智发挥领导才能，去实现和完成你要做的事。想做一个领导者，你的领导能力与智慧细胞就会自动生成"你是领导者"这个概念，主动要求你去怎么做。能力不够经验不足没有关系，好好学习，掌握更多的经验与能力，实践出真知，没有哪个人天生就是当皇帝的料。一个人心智成熟的过程也是心智领导力成长的过程。磨炼好心智才能成就好的心智领导力。

作为领导者给人的外在形象是靠不靠谱、有没有亲和力。他的悟性越高、自律越强，越能带领出一支好的团队干出好成绩。好领导不一定就能带领好一支团队，但好团队从来不缺好领导。这就是人的局限性，有不足

要学习，越学习越能发现不足，因为能力越强责任越大，事业发展越快，你要学习和掌握的东西就越多，这就是我们不断成长的过程，在拼搏中奋进，在奋进中再学会更强悍的拼搏，要想成为一个行业领袖，就要有统领这个行业的智慧、能量与担当。

布好局，开好路，带好头，不求昌盛千年万年，但起码要有百年大计。否则，凭什么大家要跟着你？这就好比笔者带领大家进行一次敦煌文化考察之旅，如果笔者没有比你们有多得多的对敦煌文化的认识与了解，不能从敦煌之沙与尘土中感受到历史的沉淀，不能从敦煌之风中感悟历史的风霜雪雨，不能从敦煌壁画中欣赏中华民族古文明中的先进文化智慧，那就不能使自身的心智领导力不同于一般，也就不能够一路引领你们来这一次特殊的旅游。而这是一次丰富的学习之旅，通过笔者的巧妙讲述结合自己的感悟，引领你思路大开，成功地打开你自己的创新思维与想象空间，在进一步学习前人智慧的同时，提升自己的学习能力，弥补在课堂里学不到的东西。

图片来源：笔者手绘。

# 第二节　心智力磨炼从心性、自律开始

心智领导力的修炼与磨砺不是一件简单的事，需要主动观察并学习别人的长处，学会心动不如行动，逐步克服自己的弱点，学会与人相处，学会办事大度，学会礼让三分，学会自我管理、自我约束，学会用人用能，学会调节和指挥人、财、物发挥最大的作用。

1. 磨炼一：磨炼心性

与一个不靠谱的人合作最大的成本是沟通，与一个不自知的人同行最大的消耗是唤醒。假装合作背后的不信任者，总是纠结于利益的选择。千万不要试图验证人性，对外的托付总是没有对己的自律更有保障。没有千篇一律的对与错，在经济与利益面前，谁的心都不会那么纯洁，起早贪黑地忙碌不都是为自己与企业利益最大化吗？

2. 磨炼二：学会自律

当你自律时，世界给你的道路就越来越宽广。所有的合作对象都喜欢直接的资源，重复的沟通与改变要求将是最大的资源达成成本。一个甲方要不断地沟通才能达成与乙方的合作，这样太辛苦，而自律者像是万能U盘，一插上电脑就知道不会死机。所以，遇到资源之前，自己先蜕变成资源，让别人清晰对上自己的频率，可以赢。所有的合作关系都如此，不论是婚姻、事业、团队还是交友。所有的合作对象都喜欢直接便捷，没有哪个人会说就喜欢烦琐。最大的浪费与成本的增加，就是费尽心机的重复沟

通与推翻重组，做了很多努力还不一定成功，因为越纠结越不清，反而更碍事，即使成功了，也可能代价不小。记得董明珠曾经说过，只要产品够好，就不要磨磨唧唧地去推销，他不要自有人要，去找需要的人就行了。她说得没错，任何物质的转移与消耗都是为别人提供更好的生活服务，所以，我们不要一味地去推销产品，应该更多地去推销一种服务，让人们知道这东西的好处，能够给大家带来哪些便利，省去哪些麻烦，给人一个非要不可的理由。

3. 磨炼三：做好你自己

你不需要十八般武艺样样精通，你只需要知道别人最缺什么、最需要什么帮助，而你能满足别人的这种需求，你就顺理成章地做好这件事。哪怕你不是干这个的，当你发现别人的需求时，你就发现了一个很好的商机，商机就是财富，抓住就是崛起的机遇，抓不住就会错失良机，没有任何机会会专门停留在那里永远等你。商人的精明就在于不放过任何一次可以赚钱的机会，商机再好，一做就成，你不去做只会白白错过，与你有缘无分。发现了就去做，做成了才能将财富据为己有。所以说商业智慧不是天生的，是由发现产生，又抓得住用得好从而凸显出你的商业智慧。

感悟：心动力是浓缩的一个点，就是我们能量场中心的"黑子"。只要你能量足够，无限放大起来，每一个圆圈都是你的领地。

我们常说一个人心灵有多美好事业就有多火热。其实美好的心灵也要学会守护，那么如何守护呢？我们对美好心灵的守护不是将它藏起来，而是要将它传递出来，让大家都感受得到，能够使大家都心灵美好，心情愉快，都拥有一颗火热的心去投入工作，去热爱生活。

教诲：成功者在说：

心学——世间修，事上磨，行上练，意上定，良知为壤，吸取圣贤滋养。

心说——做不到者不说，不能兑现承诺者多说也无用，说到做到。心中有杆秤，心明眼又亮，宁可吃亏在明处，不上骗子当。

你要懂得自律者恒自由，才更需要自觉接受监督与管控，放任自流难免会有失误与失策的时候，懂得管控才是最好的管理。

4. 磨炼四：放松心情

仰望星空，静下心来，听到风的声音，看到星空的辽阔。融入大海你才会体会到大海滔天巨浪的汹涌气势与伟力；汇入星空，即使你是一颗璀璨的星辰，也会与其他星辰相距遥远的距离。就如同我们的人生，每个人的生命都是一个耀眼的光团，它存在的时间越长、越耀眼，就越美丽、越有生命意义。休息一下，舒缓我们紧张的神经。

听着李志辉创作的《一花一世界》之清新韵律，让人不禁想随唱一曲：

一花一木，皆世界，

生命里多少事如往昔。

昨夜风，还未静，

清晨袅烟已上云霄，

百花冉冉吐露竞芬芳。

一个人，一朵花，

信自由，才芳华。

一个人，依树在，

几度落叶，几度升华。

问世间情为何物？

这世间多的是喧闹，

很少有一个空间可以宁静。

难得一时的清静，

请你不要随意破坏它。


人生如花，多少事往来沉浮？

在花开花落间飘过，

多少恨如水珠滴落，

多少心痛就这么错过。


一花不知春依旧，

一木不知不觉已成参天大树，

多少情深意切，遗留在滚滚红尘中。

而今生活节奏太快，我们不得不就此别过，

不再傻傻地爱，不再痴痴地等，

既然已经错过，你又何必再自我折磨？

自己的人生自己做主，真的有那么难吗？

纵然只有经历过才知道经历的苦痛，

何不点燃心智里的那一份开明？

如果贪婪，整个地球给你也住不下，

如果将天涯海角视为家，方寸之地也不狭小。

心智成熟了，她就是从心灵里飞出的小鸟，

遥远的天空将迎接她长大的翅膀。

图片来源：笔者手绘。

5. 磨炼五：爱与施舍

**案例**：从前有一个商人做生意失败走到穷途末路时，身无分文，惨兮兮的样子非常可怜，可是以前的亲朋好友没有一个愿意帮他的，一见到他都是有多远躲多远，不相信他还能够站起来。有一天他走到一家小吃店门前，实在是走不动了，倒在小老板面前，这个小老板没有丝毫的犹豫，立即上前扶起他，问了情况，立马端出店里最好的饭菜给他吃，等他吃饱了，临走还给他 500 块钱，他流着两行热泪，紧紧抓住小老板的双手激动地说，这是他遇到的唯一一个好人，一个真的大好人，救人一命胜造七级浮屠。这话一点不假。这个小老板当时帮他，没有一点要他感恩的意思，只是心里觉得帮一个有真正困难的人理所应当，没有那么多理由。当时那

9

几百元可是他辛苦一天的全部收入，拿出来时手没有一点颤抖，谁没个有难处的时候？能帮多少算多少。多少年后，这个人去而复返，给小老板送来了 5000 万元，他已经是一个集团公司的大老板了，没有忘记曾经的救命之恩，没有小老板一碗饭和那几百块钱，他不但哪里也去不了，有可能已经饿死了。生命就是财富，就是力量，更要珍惜缘分。

**点评：**我们唱着歌，听着音乐，踩着节拍，感悟着神一样的启示，在爱与施舍中，发现我们的生命其实很精彩，只要你活着就要有担当、有责任、有义务。只要你做到了，你的生活就会很美好。因为你越努力就会赚钱越多，因为你钱多就能买到给家人、亲朋好友需要的东西和礼物。你的付出成功地拥有了一个大大的爱的港湾，无论你航行多远多久，你回来时都有一个充满爱的归巢，无论你飞多高，降落下来都有停靠的地方。正如卓别林所说："当我开始真正爱自己，我明白，我的思虑让我变得贫乏和病态，但当我唤起了心灵的力量，理智就变成了一个重要的伙伴，这种组合我称之为心的智慧。我们无须再害怕自己和他人的分歧、矛盾和问题，因为即使星星有时也会碰在一起，形成新的世界，今天我明白，这就是生命。"生命就要懂得"爱"，为什么要爱，爱是先要奉献与分享不是索取，不明白这些，你所谓的爱就会很沉重。不要老想着别人欠你一份爱，时刻惦记着要别人还回来，有这种想法就是错爱，甚至可能由爱生恨，失去爱和友谊的缘分。要爱就爱个痛痛快快，不管有没有回报，有时候结果往往出人意料。

图片来源：笔者手绘。

# 第三节　心智领导力与领袖智慧

心智的强大与弱小，同生活息息相关。多与强者接触，你成长的速度就快，常与弱者为伍，想出类拔萃就难。同声相呼就是这个道理。同声相呼指志趣、意见相同的人互相响应，自然地结合在一起。《鬼谷子·反应》中有说："欲开情者，象而比之，以牧其辞。同声相呼，实理同归。"当你弱小时永远不要与比你强的人合伙，寻找一大批比你更弱的人，你就能成事；当你足够强大时，就要与更强的人合作，你才能号令天下。

所有的成长都来源于你的经历，学习无法让你直接走向成功，读书也只是你人生路上的一个武器，戒躁、守心、去浮，合理使用智慧能量，你才能拥有号令天下的资本，一声相呼，万众响应。

　　智慧领袖是智慧团队的结晶。在最困难的时候，领导者迈出坚定的一步，将是集聚影响力与团队作战力的一步，因为那是无条件信任的最高动力。

　　一个真正优秀的企业领袖，一定能做到两件最重要的事情：发展自己，发展他人。真正优秀的企业领导者，一个很重要的特征就是他的团队能够跟随他一起成长，而不只是他个人很厉害。好的企业的成长过程一定是整个企业的员工都在成长，一定是企业里每一个员工成长的力量都超越同业。所以，我们对企业领导者最核心的要求就是：他能推动人不断进步。前面有路我们快速超越，前面无路我们要开拓创新，走出一条属于自己特色的道路。

　　领袖智慧也是一种协调能力。团队协作是一盘活棋，如果大家没有轻重缓急，同心协力，攻克难关，在某一关拖后腿，甚至造成瘫痪，尽管某些细节成功了，可能也是失败甚至是惨败。成功必须是100%的成功才是成功，你走了99步最后一步失败了，只能证明你离成功越来越近了，但是你还是失败了。在成功面前"100-1"不等于"99"而是等于"0"，因为你需要重新开始。

　　你的心有多大，事业就有可能发展到多大，只有真正去做了，才有心想事成的一天；你的心有多远，就要踏上追赶目标的征程，用实践去检验你思想的先进性，思想才有可能随你心走多远。人生中最重要的事是专心致志，全神贯注于正在做的事情。看清未来发展动向，处理好眼前的事，大小问题按轻重缓急分而处之，兼顾大局。

　　企业利益来源于产品销售，不管你生产什么产品必须市场对路，没有市场需求你做得再好也没用。财富来源于生意兴隆。有人把"生意"狭隘地理解为"交易"，其实，生意的本初乃是分享。把好的东西分享给有缘之人，赚取合理的利润，秉持做一单生意交一个朋友，再推荐给他的朋友，这才是生意。生是生生不息，意乃心上认可可以交往的朋友。为了大家生活方便，大家互相帮着办事，久而久之就成为专业的业务行为。你把生意做到哪里了？马云说我做到了全世界，我可以，你也可以。生意的本质就是服务，我能为你的需要提供最好的服务，你还想拒绝吗？我们的成功就是为客户提供满意的服务，我们生产出你需要的产品，产品到你手中，我们传递的仍然是我们的服务。准确的市场定位，我们一直在坚持；超越同行高质量的产品，我们一直在努力；能给不同需求的你服务，我们一直在尽心尽力。

领袖智慧也是一种博学。唐代韩愈说："贪多务得，细大不捐"，即学业的精深要以广博地掌握和积累知识为基础，一定要博览群书务求有所得，知识不论大小，要兼收并蓄。博学多才就是要从学问中增长才干，学而精，精而为有用。学识很多而无用，就成了"书呆子"，学识多又能活学活用的人才是成功人士，我们没有谁愿意自己失败，但却没有谁是可以随随便便成功的，个人如此，企业也是如此，正视失败才能获得成功。

# 第四节　成就理想事业　丰富领袖智慧

如何成就理想事业，丰富我们的领袖智慧？

过去我们的理想很复杂，错把兴趣与爱好当理想，以至于选择太多。

身处现在这个信息化科技化快速发展的时代，一切理想就变得很简单：从政或者经商。而无论是从政还是经商都要有利于自己的前途和发展。处理好这个问题就一个字——"利"。俗话说得好：以利相倾，所向披靡。利是一把双刃剑，可以成就自己，斩向他人。无论是服务于政治、经济还是军事，都是唯利是图。围绕着利益需要解决许多矛盾。这就需要我们科学地取利，合理地分利，理性地得利。任何事物都是相对的，如果你坚持利益至上，就会失去产生利益的土壤，你也就再也没有机会取得利益了，因为利益链是需要平衡和同步增长的。

习近平主席用典育人就讲明了利与行的关系：以势交者，势倾则绝；以利交者，利穷则散。因此，在处理人际关系和人情问题上，领导干部既要真诚待人、乐于助人，不搞"人一阔脸就变"那一套，更要讲党性、讲原则，坚持按党纪国法、政策制度办事，不搞"关系学"那一套。要明确哪些是应当有、应当讲的人情，哪些是不应当有、不应当讲的人情，特别是当个人感情同党性原则、私人关系同人民利益相抵触时，必须毫不犹豫站稳党性立场，坚定不移维护人民利益，即使被人指为"无情""无能"也在所不惜、不为所动。这种为人民服务的强大心智领导力，就是中国领袖智慧的最好铁证。

人性是自私的，每个人都忠于自己的利益，无所谓对别人的背叛，因为别人并不属于你。如果你以奴隶社会的思想活在现在，对所有人所做的不利于你的事情都会认为是对你的背叛，那样痛苦的只有你自己。因此你必须转变思维，承认人性的自私，然后再想办法创造共同的利益，统一别人的立场，当别人能从你身上获得更多利益时，也就没有人会背叛你了。

一个人，成就一番事业，多数赢在跟对，巧在借力，胜在反省，贵在付出，成在坚持。丰富的人生经历就是宝贵的智慧经验，将别人的成功经验用得越好你也越成功。

第二章

# 强大心智力离不开对自己洞察力、领悟力的提升

心智之首就是知心。"人之相知，贵相知心"，这是说人们的互相了解，最可贵的是了解对方的内心世界，朋友相交要知心。我们常说：脑袋是用来想问题的，屁股是坐江山的。一个企业的慢速或快速发展都离不开兢兢业业的团队和在每个岗位工作的员工。一个成功的智慧型领导者必是一个心智领导力旺盛的指挥者。领导者的领导能力不光是每天要看到效益数字的增长与减少等变化，更应该看到每个员工和团队的成长变化，发现他的不同之处，能及时指出不足的地方，更要善用表扬与赞扬，凝聚人心，各司其职，各尽所能，目标才能够实现，任务才能完成。一个人能力再强，他也干不了所有的事。他更不是无所不能的，我们只有充分利用好有能力的人才、管理好有能力的人，我们的事业才能成功，我们的道路才能畅通。领导要对员工足够了解，才能分配和发布任务，知其所短用其所长，让每个人都为团队建功立业，展示其智慧与才能。同样的，员工对领导者也要有更清晰的了解与认识，跟对人做对事成功快，让每位员工都感到自豪与骄傲。

要做一个智慧领袖应具备这些素质：人不好高骛远就没有追求，重要的是要不断学习和实践充实自己，磨炼出远见卓识，成为学习型的领导，胜任其职，树立正确的用人观，真诚待人，善于鼓舞人心，塑造出自身的人格魅力，提高个人领导风范影响力，助推事业发展。

# 第一节　心智修炼——远见卓识

我们常说某人很有远见，看问题就是透彻。出色的领导力就是要学会认可别人强的地方，善于发现与挖掘周围的每个人所带来的价值，真正对你有用的高手一定是了解你的人。人如果一直找对方的缺点或不足，那自己将"皮之不存，毛将焉附"。要将问题都看透彻就要具有敏锐的嗅觉与洞察力。洞察力就是透过现象看本质，洞察力就是变无意识为有意识，有意识地观察和学习别人才能增长自己的智慧，尽快掌握别人的成功经验与方法，站在巨人的肩膀上走得更远。

儒家拿得起、佛家放得下、道家想得开，合起来其实就是一句话：带着佛家的出世心态，凭着道家的超世眼界，去做儒家入世的事业。这也正是人生最高境界：佛为心，道为骨，儒为表，大度看世界。

有洞察力的管理者能够发现别人忽略的甚至从没有看到过的机会、优势和实力。缺乏洞察力的管理者把组织引向停滞、萧条而不是卓越，因为瞬间的粗心大意就会导致失败，而持久的洞察力将鞭策着组织保持它的优

势地位。见微知著的洞察力能够帮助小公司抓住瞬间的市场机会，而对机会的有效利用则可以起到"四两拨千斤"的效果，使得公司以较小的成本获得较大的收益。

失去机会，不仅会事半功倍，甚至可能失败。企业家不仅要有经济核算的能力，还要能够发现他人未曾注意到的、新颖的、潜在的、更有价值的某种目标，具有发现一直未被人们所知的手段的洞察力。洞察力敏锐的优点之一是它能帮助管理者更清楚地观察形势，了解问题和机会的所在，预测和研判潜在的危险与威胁，做出防范与处理措施。抓住机会就是抓住财富，每个人都希望拥有财富，那就先学会抓住每一次机会。胆小怕事不敢轻易做事者永远做不成事，因为他失掉了所有的成功机会。

洞察力的培养不是一朝一夕就能成的，它是一个长期的过程。在人的一生中，我们必须积极主动地追寻目标，探索未知的事物，从中发现问题和机遇。如果我们只是循规蹈矩，或是盲目地等待事物自行发展，或是等待别人采取措施，会使自己丧失主动权，丢掉了许多发现机会的可能。只有第一个发现问题，主动接受难题，对比同行业专家处理同样事情的方法，结合企业和自身经验环境，科学分析解决问题的结果所带来的新走向与新影响，最终在与困难和障碍做斗争中掌握先机，才能发现机会，才能在同等条件下旗开得胜，收获丰硕的果实。

**案例：** 任正非慧眼如炬，着眼企业长远发展，既能够精诚合作，又发现自身发展缺陷，积极做好预防与准备，以不变应万变，表明看是做无用功和无谓的投入和牺牲，实则不然。

**点评：** 察微之处方见洞天，洗练智慧才有远见，不困于得失之间，才能在烈火中永生。

# 第二节　心智修炼——成为学习型领导者

领导者肩负着促进企业发展、事业进步的历史使命。我们每个人都要不断加强学习、积极实践、勇于创新、与时俱进，要增强学习意识，不断更新已有的知识，对一切有利于推动和改进工作的新理念、新观点、新知识和新方法，永远保持一种职业的敏感和渴求。通过不断学习来增长知识、提高能力，这样才能不断夯实自身领导力的根基。

世界上没有谁不优秀，逼到绝路谁都卓越。因为学无止境，你才成长得迅速，因为你不给自己退路，你才前进得最猛。谁选择了退路，谁就会从此平庸。胆量大于能力，魄力大于努力。胆量不够大，能力再强都是小人物；魄力不够大，努力一生都是小成就；在成长的路上，我们打破的不是现实，而是自己！在人生的跑道上，战胜对手，只是赛场的赢家，战胜自己，才是命运的强者！

领导者加强学习，要学以致用，又要不断创新；要兼收并蓄，又要有高度、深度和广度。

1. 加强理论学习

要成为智慧型领导者，我们不但要在理论上保持清醒、坚定，政治上更要保持清醒、坚定，从而保证自身领导力导向正确。无论你职务高低权力大小都要加强马列主义、毛泽东思想、邓小平理论、"三个代表"重要思想、科学发展观的学习，要深入理解和学习习近平新时代中国特色社会

主义思想理论精髓，还要学习和理解他国政治经济法律制度，坚持从客观实际出发制定政策与工作方针，深入一线调查研究，针对工作现状、实际难点、复杂情况分别处理，不搞一刀切，密切联系群众，一切为了服务好群众而推动工作。努力掌握理论体系和精神实质，用发展的马列主义武装头脑，用科学的眼光看世界，指导工作，这样才能"站得高，看得远，走得稳"。

每个领导者都要搞清楚和摆正自己位置：政府领导者是为人民服务的，领导者即服务者；企业领导者是为企业和员工服务的，领导者还是服务者。上层领导是牵引力，中层领导是推动者，下层领导是执行力。我们的领导者都要立志成为最好的服务者，在不断学习创新中将自己锻炼成为最好的服务者，成为人们学习、生活和工作中的典范，永远自强不息、奋斗不止。

2. 加强专业知识的学习

学习和掌握专业知识很重要，还要关注全世界范围内同行的发展现状、成功经验特别是失败教训。一个国家要防范敌对势力团体的破坏与分裂颠覆；企业要防止竞争对手不正当竞争与毁灭性打击。我们只有通过持续学习开阔眼界、拓宽思路、创新思维，提升科学决策和指导实践的能力，才能应付各种突发事件，从弱势变强势，才能反败为胜。

3. 注重学习领导艺术和现代管理理念

以科学的理论指导自己的管理实践，努力加强工作的计划性、前瞻性、先进性，科学设定阶段目标，营造出宽松、和谐、进取的团队氛围，合理配置人、财、物资源，使团队效能得到最佳释放。

领导者要加强学习，从方法上看，既要注重"有字之书"的理论学习，更要注重"无字之书"的实践学习。毛主席在这方面是我们勤奋学习的榜样。他的工作在世界范围内都是很出色的，在学习方面更是走到哪儿学到哪儿，穷读古今千万书，活用精髓，摒弃糟粕，在智慧的海洋里建设起一个崭新的中国。

（1）从书本中学习。从书本中学习系统的理论知识，学习新的思想与观念，以此增长知识、开阔眼界。什么书都可以看，什么书都可以认真读。但最重要的是：要有分清是非与拒腐防变的定力；要有雅俗并赏、脑袋开窍的悟性；要有科学分析、防微杜渐、推陈出新的能力；要有区分好坏的心境与本事，用正确的人生观、道德观、科学发展观从书山学海中走出来，学有所用，报效国家，服务人民。

（2）重视在社会中学习。要虚心向他人学习，学他人的处事经验、处理问题的方法和先进的科学技术。俗话说：人不可貌相，海水不可斗量。学问多少不在于相貌，财富多少不在于现在拥有。孔子说："三人行，必有我师焉。"作为领导者，要重视学习，敢于借鉴别人的好思想、好作风、好方法，取人之长，补己之短。要从生活中学习，生活是最好的老师；要从别人失败中学习，少走弯路；要从自然界中学习，巧借自然界的神奇，利用好天时、地利、人和以及人、财、物的关系，出奇制胜。日常生活、工作的方方面面，只要留心，处处有学问，领导者要做有心人，在实践中边摸索、边总结、边积累、边提高。

（3）注重理论联系实际，加强科学实践，活学活用。"纸上得来终觉浅，绝知此事要躬行。"无论是书本上得来的知识，或者是学习借鉴他人的长处，还是依据自己的经验，都要与当时当地的实际情况相结合，坚持实事求是的精神，具体情况具体分析，创造性地开展工作。

领导者只有不断加强学习，才能不断增强自身知识与能力，才能持续增强自身素质。领导要起好带头作用，自己学不会的要虚心向他人请教，自己会的要认真教会团队成员，只有不断地充实提高自己及其团队的实力，才能更好地提高自身的领导力，才能更好地影响和带动团队进步，推动各项工作的顺利开展，促进事业的发展。

# 第三节　心智修炼——胜任其职

在其位、谋其政并不是简单的问题，领导的能力好不好，看他带领的团队和取得的成绩就知道。而胜任力决定了你的职位高低。

广义上的胜任力，通常包括职业、行为和战略综合三个维度。职业维度是指处理具体的、日常任务的技能，行为维度是指处理非具体的、任意的任务，战略综合维度是指结合组织情境的管理技能。对这个工作，你有多少胜任力？这考验的不仅是你的业务能力与工作水平，还要具备超强的创新发展与长远建设能力。一个人能力有大小，但只要他做好了本职工作，并不断学习与开拓创新，就有发展前途。一个领导能不断创新科学管理才是真的胜任其职，才是合格的领头人。

人生所有的问题都可以变换思维角度来解决。社会生活与工作生活中都有一个怪圈，你越将问题复杂化就变得更加扑朔迷离难以解决，换个方法思考，可以使问题变简单；换个立场看人，可以更宽容地处事；换种心态看人生，可以得到更多美好。迈出换位思考的一步很容易，就看你是否愿意，若能够多维度思考，就能够明了和把控事态的发展。有时仅需换换角度，就可以改变自己的一生，最怕的是陷入自己的框架无法自拔。

　　一个领导者要领导一群人还要管理好自己的企业，就要有升华别人理念的能力，要学会认可别人强的地方，善于发现与挖掘周围的每个人所带来的价值，真正对你有用的高手一定是了解你的人。人如果一直找对方的缺点或不足，那自己将"皮之不存，毛将焉附"。

# 第四节　心智修炼——树立正确的用人观

　　没有正确的引导，好人可以变坏人；有了正确的引导，坏人也可以变好人。

　　人是管理活动中最活跃的因素，领导者要牢固树立"以人为本"的管理理念，通过树立科学的用人观念、坚持正确的用人导向，激发每个人的积极性、主动性、能动性，把全体组织成员的思想与精力集中到组织事业的成功和个人价值的实现上来。每个人都想与企业共成长，都不想自己被企业淘汰。给适合在企业干的人更多机会，引爆每个人的潜质与能量，使其与企业同呼吸共命运。善于用人，世上都是可用之才；不善于用人，世上就无可用之人。因为每个人都会有一些毛病，十全十美的人从古到今都没有，不是难找而是没有。这就是没有最好只有更好，努力向上总没有错。

　　每个人的人生观、价值观都不一样，你要什么样的人生，走什么样的

路都是你自己选择的，因为你就是人生的导演，更是那个你期望的演员，而且是绝版的不可复制的人生戏剧。你可以学习别人的长处，模仿别人的优点，以别人为榜样，即使你学到了精髓，模仿得惟妙惟肖，也成不了你的偶像，因为你走的路毕竟是自己在走，那些只不过是你成长的一部分，有相同相似的地方，最终你成就的不正是你自己吗？没有任何人能够做到彻底丢掉自己，成为别人，所以我们要树立正确的人生观，我们每个人对人生的价值、目的、道路等观点的认知和看法，都取决于自己的经历与经验，并且会随着时间、学习与领会能力、工作能力、实践行动等不断变化和升华。其不仅决定着一个人对周围事物的态度，而且会不断调节我们的行为、活动方向和前进方式。

我们的意识形态从产生开始，就以观点、信念、理想、需要、动机、兴趣等具体形式，表现在我们的个性的意识倾向中，而这种作为心理的稳定倾向的人生观，在我们整个心理活动中处于主导的地位，对我们的心理功能起着调节、支配和领导作用，这就是心智越用越聪慧、产生心智领导力的缘由。

树立正确的人生观，不是简单的个人理想，而是建立在爱与大爱的基础上，能够为大众的利益着想，关键时刻能够以小利益服从大利益，有时候识大体、顾大局、克己奉公不光是说说而已，而是要确确实实做到。很多时候说着容易做着难，许多人往往说得好但做不到而成为笑话。能够落实到行动中并坚持到底的人，才是人生道德的榜样。有的人之所以能够坚守崇高的理想不动摇，就是因为他们不会为个人得失而斤斤计较，不会陷入"自我中心"而难以自拔，以顽强的意志克服遇到的各种困难，不被矛盾所困扰，不向挫折屈服，不为冲突而忧虑，热爱自己的本职工作，积极努力做出成绩，奉献自己的价值，与大众共享幸福之乐，自己不断克服困难战胜弱小，一路无论有多光彩，都毫无保留地展示给所有人，虽然不是完人，但始终是具有独特个性的人。

　　要完成人生的华丽转身，就要树立正确人生观，坚持做好人的信念，迈好人生的每一步，才能走好人生路，不犯错误。虽然许多事情都不是以人的意志为转移的，但是信念对人的作用却是不可低估的，关键时候它能左右和影响我们的认知与判断，帮助我们做出最好的选择，所以信念在我们无能为力时显得尤为重要。

　　只有坚定自己信念的人，才能增加自己战胜困难的砝码。在处理复杂问题时，自己经验不够没有关系，我们可以参照别人成功的案例，借鉴他们丰富的经验，帮助自己渡过难关。每个人都生活在社会中，总是生存和活动于各种各样的社会关系当中，并受到一定社会关系的制约。在实际生活中，人们会选择自己的人生道路，通过一定的方式实现自己的人生价值，以独特的思想和行为赋予生活实践以个性特征。不过，任何个体的人生意义只能建立在一定的社会关系和社会条件基础上，并在社会中得以实现。离开一定的社会基础，个人就不能作为人而存在，当然也无法创造人生价值。

　　人的社会性决定了人生的社会价值是人生价值的最基本内容。一个人的生活具有什么样的价值，从根本上说是由社会所规定的，而社会对于一个人的价值评判，也主要是以他对社会所做的贡献为标准。个体对社会和他人的生存和发展贡献越大，其人生的社会价值也就越大；反之，人生的社会价值就越小。如果个体的人生活动对社会和他人的生存和发展不仅没有贡献，反而起到某种反作用，那么，这种人生的社会价值就表现为负价

值。心智所趋心力所达，心存美好，结果就美好。所以说：每一个鲜活的生命，都有无限的可能创造出高品质的人生。只要选择好前进的路，我们就要全力以赴去拼搏，才能取得好的成绩，一旦错失良机就不知要等到何时。

人在一生中经历的所有事情，都必须由你自己去好好体验与认真感知，"不积跬步，无以至千里"，徒步50公里你就有马拉松远距离奔行的能力与经验；徒步纵横108公里，这种超级马拉松的人体极限锻炼，不只是肉体的苦行与修炼，思想意识也会从此由普通人向超人转变，是自己思想的巨大蜕变，是身心贯通的觉醒，是扫除更多体能极限中的生命盲点后，生命本源脱胎换骨后的新生。生命往往是跨越极限后重新开始，生命的精华就是在我们战胜极限运动超级疲劳后的进化，当再次徒步108公里时，你便不会再困乏，而是轻松的。生命里每一次挑战不再是奇迹，而是对自律的验证，你越自律就越能突破和超越你的最高目标，引领更多的蜕变，成就美好人生巅峰。

没有唐僧师徒历经九九八十一难的磨炼，哪有坚强的心智领导力坚持到最后取得真经？不要相信天意如此，而要相信天生我材必有用，你才真的有用。

# 第五节　心智修炼——真诚待人

相敬如宾、相濡以沫是指相互尊重、同甘共苦、生死与共的亲密关系。真诚与真心不要光停留在字眼上，只做表面文章，见不到实际行动，若不能兑现承诺，一切都会成为谎言。作为领导者我们不但自己要认真去做好每一件事，更要带领每一个人都去认真做事。只有具备了真诚的品质，才会敞开心扉给人看，使人们了解自己、接纳自己、帮助自己、支持自己，使自己在事业上取得成功。如果一个领导对下属不信任，或者自己存有私心，那么他就会经常对下属使用心计，甚至违背良心不公正处事，或害怕下属的才能与智慧超越自己，而一味地打压限制，这样就不配做领导者，心胸狭隘注定格局不会有多大。

不在激流中前进就要在激流中勇退。当不好领导者成为被领导者也没有什么不好，多一种这样的学习机会，比待在办公室冥思苦想不得结果或结果不佳要强得多。做事风格往往体现其本质，我们只有做好了自己，才能有榜样的作用。而当我们使用心计被别人知道后，势必影响到工作的正常开展，使大家之间产生隔阂与矛盾，该办的事反而办不了。因此不仅是平常的为人处世要学会以诚待人，在对待下属的时候，也要以诚相待。真心对待你所接触的每一个人，对他们尊重和信任同样会取得他们对你的尊重和信任，人是有丰富感情的理性动物，彼此信任非常重要。

**案例：** 电视剧《特赦1959》中功德林对特殊战犯的管理教育，通过政委、所长、副所长、护士等重要人物的不同表现，由浅入深、由少到多地逐步化解敌对矛盾，使他们深刻认识到毛主席领导下的共产党与蒋介石领导下的国民党是有千差万别的，共产党之所以能够战胜国民党取得决定性的胜利，是因为她完全彻底地为人民大众服务，获得广大人民万众一心的支持和拥护，共产党人吃苦耐劳不分彼此的干事精神彻底征服每一个"特

殊战犯"从心底里心服口服，自愿接受改造，从此脱胎换骨重新做人，最终加入建设新中国的行列，成为有用的中国人。这部电视剧告诉我们，心智领导力的杰出运用连顽固的反动派都可以被感化，能帮助他们重新认识世界，最终找到真理。

以诚相待是人际交往中最重要的砝码，大多数矛盾都能用诚信的办法解决。只要真诚待人，就能赢得良好的声誉，获得他人的信任，将潜在的矛盾化解于无形之中。雷锋曾经说过，一个人做好事不难，难的是一辈子做好事。一个领导者走出办公室悄悄去参与社会劳动，却被有些人说成是作秀，如果老百姓不知情还可以理解，但某些领导者可能连这种"作秀"的勇气都没有，不深入基层，更何谈体恤民情、了解未知？毛主席说，没有调查就没有发言权，实践是检验真理的唯一标准。

成大事者不拘小节。也许你无法让所有的人都喜欢你，但是你至少可以让大多数人都信赖你。我们没有权利去要求别人怎么做，但我们可以用自己的言论和行动去感动和影响他人。从影响身边人开始，吸引越来越多的人跟随你，在你的周围逐渐会形成一个越来越强大的气场。身处这个气场的中心，有了他们的发力与贡献，你的每一次成功会变得更加轻松和自然。

人无信不立，言而无信就失去了做人原则和态度，良好的信誉能给自己的生活和事业带来意想不到的好处。诚实守信是形成强大亲和力的基础，会使人产生与你交往的愿望，在某种程度上，会消除不利因素带来的障碍，使困境变为坦途。

**案例：**电视剧《娘道》中瑛娘的成功在于为我们塑造了一个诚实守信的中国妇女形象，在乱世里艰苦度日，不忘承担丈夫留下的债务，不为强权，以弱小的肩膀担起家庭重担，坚贞不屈，与命运抗争，成为一个困难压不倒，闲言碎语打不倒，不达目的不罢休的女汉子。瑛娘非常讲诚信，但在生命与诚信面前，她选择了保住性命。诚信大于生命只是一个美丽的谎言，言行一致是成功的开始更是自欺欺人。这并不矛盾，事物都是一分为二的。诚信与言行一致固然重要，但关键时候往往难以决断。成功首先要珍爱生命，没有了生命你的一切都不复存在，诚信只是对活着的人才有价值。诚信与言行一致都需要面对特定的环境、特定时间的人和事。为了所谓的诚信，言行一致，自己办不到的事偏要去办，其结果只有失败。

**点评**：当敌人或想害你的人用计害你搞垮你的企业，这时候你还讲诚信，不以牙还牙，被敌人打倒了，想说话想回击也没有机会了。对面大楼失火了，有你的同事有你的亲友，你非要去救不可，但你不是专业人员，不具备火场救人的能力，喊着要救人就一定要去救，就义无反顾冲进去只是葬送生命。不遵守自然规律，不听有能力有智慧的人指挥，大火只能无情地吞噬你的生命。没有什么是一成不变的，什么都会发生变化，所谓正义与非正义都要接受时间、环境、事物、人等条件变化的检验，正义过了头就会转化为非正义，非正义经过正确引导和调和，产生了好的结果，就转化成了正义。因果之间动可生产静可循环，我们要理性对待，智慧处理。

以诚待人是值得信赖的人们之间的心灵之桥，通过这座桥，人们打开了心灵的大门，并肩携手，合作共事。自己真诚实在，肯露真心。"敞开心扉给人看"，对方会感到你信任他，从而解除猜疑、戒备，把你作为知心朋友，乐意向你诉说一切。其实，每个人的思想深处都有封闭的一面和开放的一面，人们往往希望获得他人的理解和信任。然而，开放是有选择

性的，即向自己信得过的人开放。就拿论功行赏和执行企业规章制度来说，企业或领导者个人兑现了奖励，员工自觉遵守了纪律和制度，都是诚信和言行一致的表现，反之都会变成谎言。

# 第六节　心智修炼——善于鼓舞人心

心智是力量的源泉，有美好的心愿就要用力量去完成。仅仅是愿意抛头露面，站在众人面前指手画脚，这并不能表明领导具有多少勇气。领导应当不断尝试新的方法，让事情比过去做得更好。如果领导让某人去试做某一件事而未获成功，也不要对做事的人失去信任，更不要乱加指责。因为如果不给下属失败的机会，让下属重新振奋精神，又怎会获得最后的成功呢？

从平凡到优秀，需经历辛勤的付出，从优秀到卓越，要度过地狱般的历练，从卓越到独一无二，更需要有浴火重生的壮举。

伟大都是熬出来的，为什么用熬？因为欲望强大才有实现愿望的可能，因为经受煎熬才是最好的磨炼。承受了普通人承受不了的委屈你才能熬出头，由弱小变为强大；你不需要别人的理解、安慰与鼓励，就是个真正的人才；你学会控制情绪，使自己内心变得更加强大，增添更多成熟与自信；任何时候你看到的都是爱和光，在处理任何事情上都学会转化、消化，你的心智领导力从单一向多维化深入发展，不再同日而语；你已经强大不再脆弱，不需要如普通人一样在脆弱的时候借一个肩膀靠一靠，而你就是别人依靠的肩膀。这个世界上最难的不是别人的拒绝与不理解，而是你愿不愿意为你的梦想做出改变。

# 第七节　心智修炼——塑造自身的品格魅力

品格魅力是领导魅力的重中之重。"其身正，不令而行；其身不正，虽令不从。"可见，古人早已注意到了领导者自身形象对组织成员产生的重要影响。一个成功的智慧领袖，应该具备这样几种品格魅力：

1. 意志魅力

意志是一个人的心理素质，同时也是一种品格，它蕴藏于心并体现于行动。意志是心智领导力的关键，是领导在组织活动中体现的果断、忍耐、坚定与顽强等特征。意志总是伴随着远大的目标出现的。任何一个具有崇高理想的领导都要为实现其远大的目标而不停地奋斗。所以，领导者要始终把共同的目标、共同的事业放在第一位，激发组织成员的积极性、主动性、能动性，让组织成员感受到目标与事业的推动力，给每一个组织成员发挥个人才能的机会，让组织成员感受到个人在组织中的意义与价值，激励组织成员积极进取、勇于开拓，用目标、事业来凝聚大家的智慧和力量，要始终让组织成员坚信，个人的利益与组织的事业紧密联系在一起。通过不懈努力，一定能够达到预期的目标，获得事业的成功，实现自己的人生价值。

领导者要不断激发起组织成员对工作的持久热情与不竭动力，不断强

化组织成员的事业心和责任感,以事业发展和工作责任汇聚人心,努力发扬创业精神,积极思考谋划工作目标、方法,竭尽全力完成工作任务,进而获取事业成功的喜悦,激发更高涨的创业激情与工作热情。

**2. 信念魅力**

"我们都是来自五湖四海,为了一个共同的目标,走到一起来。"这句话非常贴切地揭示了领导者的信念魅力。尽管领导与职员的职务有高低,分工有不同,但联系他们最重要的纽带是一个共同的信念目标。所以,领导者要始终把共同的信念目标、共同的事业放在第一位,激发组织成员的积极性、主动性、能动性,让组织成员感受到目标与事业的推动力。

对优秀的领导来说,信念是必备的心理素质,是成就伟大事业的基础。领导只有充满必胜的信念,才会对自己的事业确信无疑,才能迈出坚定的步伐,产生克服任何困难的勇气,随时迎接来自各方面的挑战。信念的引导力量并不仅局限于信念者自身,它同样可以影响别人,这正是信念成为魅力的重要原因。领导具有顽强的信念,事业也就成功了一半,他可以用自己的信念去影响员工,使下属认同、信服,进而愿意为领导的目标服务。员工的成功与创造的财富是企业发展壮大的基础与继续前进的动力,更是加强领导信心的源泉。

**3. 人格魅力**

人格的力量是无穷的。只注重权力而不修炼人格的领导是绝不能领导好工作的,更谈不上提高领导能力。领导者一定要尊重组织成员的人格尊严,关心、爱护组织成员,给组织成员以学习、工作、发展的机会。在工作过程中,不仅要实现组织的发展目标,而且要促进组织成员的发展与进步。要密切关注组织成员的兴趣、需求和他们所关心的事情,用信任、培养来营造让组织成员受到支持的环境。切不可居高临下，目中无人，摆架子，显威风，以发号施令、盛气凌人的"官"自居。更不能片面认为"距离"产生权威，人为地设置感情屏障。

在组织成员的心中，领导者应该始终是工作上的导师、生活中的益友，是一个永远值得信赖和依靠的人。人这一生能力有限，但是努力无限。努力做一个善良的人，做一个心态阳光的人，做一个积极向上的人，用正能量激发自己，也感染身边的人。你阳光，世界也会因你而光彩。人生很重要的一件事是，找一帮你喜欢的、真正靠谱的人，一起做有意思的事。珍惜你身边的人，因为你不知道什么时候会说再见。在人生的道路上，选择与谁同行，比要去的远方更重要。当你把希望放在别人身上时，你会选择等待；当你把希望放在自己身上时，你会选择奔跑。

# 第八节　心智修炼——提高个人的领导风范影响力

作为一个新时代的领导者，应该具备较高领导智慧和能够指挥团队的超强执行能力，团队战斗力越强，领导者的领导魅力越高。领导魅力影响着领导能力的发挥。领导魅力有助于团结、影响下属，有助于增强领导效果。要提高领导魅力，就要具有三方面的素质：文化素质、道德素质、品格魅力。这三方面素质必须有机结合，才能有效提高领导者的整体素质和领导魅力。因此，一个有志向的领导者，应该不断加强文化素质、道德素质、品格魅力三方面的修养。在现实生活、工作中，领导者要认真学习，

勤于思考，严于律己，要言必信，行必果，果与大家分享。不会分享成果，就只能在孤立无援中落寞。

卓有成效的领导者要在日常生活、工作中做到：用心想事、用心做事，方能足智多谋。主要应做到以下几点：

### 1. 用心交往，用爱感染员工

领导者不要摆领导的架子，要平易近人、和蔼可亲，与下属平等交往。将自己成功的经验教给下属与团队，他们才能获得更多的成功；将他人成功的经验与能力互相交流学习，大家才有进步的机会，这样才能获得别人的支持与追随，才能成为名副其实的领导者。否则，就会产生隔阂、离心离德，即使领导者其他方面的品质再优秀，也很难获得众人的支持与追随。

例如，华为有一个最好的聚心聚力增自信活动，就是高调地为员工生日举办聚会。华为员工众多，同一天出生的员工也不少，所以华为公司经常保持着一个惯例：为同日出生的员工聚餐祝福。"员工生日聚餐"活动的举办，不但凸显以人为本的华为文化精神，在公司搭建的生日文化平台上，更能借此给参与的员工互相了解、互相沟通和互相学习的机会，让员工在公司工作也能感受到家一般的温暖，让"华为是我家"的理念深入每一位基层员工的心里，让"员工是家人"深入每一位管理人员的心中。告别忙碌的工作，组织丰富多彩的活动，如划船比赛、骑马射箭、手工陶艺、单车、摩托车竞技、棋牌、台球等，给每个人疲惫的身体和心情都来一次释放与恢复，再自备食材，自抓山鸡，自捞水鱼，自采果蔬，自己拾柴点火，一场别开生面的聚会，能者多劳，会者当家，各显神通，亲身体会劳逸结合，其乐无穷。

倡导"和谐家园"文化精神的企业有很多，像华为这样越做越好、规模越做越大的恐怕全球独此一家。在卸下工作的疲劳后，能让你时刻体会到团结亲切如家人的亲情与来自灵魂深处的感动。没有这种形式的生日聚会，即使大家都是华为员工，也许忙碌于自己的工作岗位，一辈子都不会有见面的机会，正是企业文化一以贯之，和谐、互勉、共同进步的气氛才得以长存；让企业文化扎根在每一位员工的心中，让大家更爱华为这个家，与华为同甘共苦共同成长，奉献才华。任正非衣着朴素、和蔼可亲、谦和有礼，拥有很多财富，却始终坚持勤俭节约，把最好的待遇、最优厚的福利给了员工，这才是领导者的卓越风范。任正非坚守为员工服务，让员工更努力地为全世界人民提供更好的产品与技术服务。

2. 尊重是最可贵的品质

领导能力与智慧不是一个人、一个职位或一个项目，而是管理者与追随者相联系时所发生相互作用的关系，即活动范围。所以，领导者必须与追随者建立起密切良好的合作关系，彼此心念通达才能配合默契。如果下属了解领导者、理解领导者、信任领导者，就会心甘情愿地支持领导者、追随领导者。反之，如果管理者与追随者的关系疏远，相互怀疑、猜忌，甚至相互敌视，下属就会与领导者渐行渐远、离心离德。

尊重是从交心开始，心无大碍就能放下悬疑，方能够彼此信任，就能够心往一处想，力往一处使，放心地做好要做的事。尊重他人是互相尊重的源泉，是磨炼与提升自己与他人心智领导力的重要环节，口服心不服，心念受阻，智力就会下降，难以释放出大气。

毛主席说"战略上要藐视敌人，战术上要重视敌人"，就是你必须充分了解敌人的动向以及敌首的脾气与秉性、最善于的思维方式与忌讳的东

西，彻底看清对手，才能获取打败对手的方法与时机，在关键的时候给予致命一击。千万不可以不尊重对手，因为自己的疏忽大意同样可以给对手可乘之机，给自己带来毁灭性的打击。

3. 要有创新意识

创新意识是一个卓越领导者所必须具备的。心智领导力是以智为先，领导者的创新意识往往突出表现在能够发现尚未被人涉足的、未知的事业与行动，能敏锐地觉察到发展的方向与气息，能够觉察到稍纵即逝的机会，能够结合社会发展趋势，高瞻远瞩地确定组织与个人的发展方向，为组织与个人指明前进的目标。有创新意识的领导者更能获得下属的支持、爱戴与拥护。

4. 让工作成为艺术

要成为一个受人尊敬、爱戴的领导者，必须要具有良好的工作艺术。要发扬扎实深入的工作风格，发扬求真务实的作风，发扬开拓进取的精神。要大胆探索，前瞻性地安排工作，创造性地协调工作，先进性地指挥工作。要树立好的作风，必须切实远离那些不说实话、不干实事、不求实效的不良风气。要密切联系员工，充分调动员工的积极性、创造性、能动性、团结一致做好工作。尤其是随着改革的深入和现代化建设的推进，新问题、新情况、新矛盾比较多，更需要加强工作艺术。

第三章

# 心智领导力第一战：
# 角色领导力——我是谁

# 第一节　心智蜕变，打磨；蓄积魅力能量，绽放

我是谁？每个人的人生都是一出好戏，越没有伪装就越精彩，不按常理出牌才能打出一手好牌。我们要准确定位自己，给自己一个起步的机会。我就是我自己，从小我到大我。想有一份稳定的工作，你就去谋一个你能胜任的职位；想升官就不要想在仕途上发财，才能做一个好官；想发财，你就去创业，赚多赚少都是你的，只要你头脑灵活，智商足够，一不留神，兴许真能成为一个大富翁。

多问自己几个为什么。看看你哪方面更具实力，然后做好相应的准备，就去努力实践，你就不至于没有目标走到哪儿算哪儿，走着走着就穷途末路。其实更多时候是我们根本没有准备好就上路，边走边学才能成长起来。

　　心智的蜕变是从你相信有能力改变自己的现状开始的，要想得到就去创造，不能因为你想要，就想不劳而获去偷去抢，即使你能够偷盗成功，不是你的你不但得不到，还因为违法犯罪将失去人身自由。我们教育小孩从小开始就要对自己的行为负责，错了就要接受惩罚。在家里，青少年要跟父母亲人学习做人的道理；在学校，要跟老师学会为人师表，学会社会生存与就业知识，为进入社会打基础、做准备。书本上的知识学不完用不尽；社会生活中的见识也非常宝贵，见你所见，闻你所闻，问你所问，疑你所疑，思有所虑，想有所道，明有所理，成有所路，长有所才，一路打磨下来，你就从小有气候成长到大有作为。

　　你最自信的是什么？你就充分展示。你最得意的是什么？你就充分发挥。你最应该自省的是什么？你就有意去克制与消磨它，使自己不要再犯同样的错误。你感觉最美好的事是什么？你就去发扬光大，多做这样的事，以增强自己的实力。你最害怕的是什么？就要去弄清楚原因，彻底解决不留后患，使自己能够坦然面对任何事情，不要任性地走老路。你最愿意看到的是什么？就让自己也融入这世间的美好中，与他人分享你的成功喜悦，更能促进你成长。你最不想看到的是什么？每个人都不希望看到失败时的萎靡与颓废，迅速找到失败的原因并着手尽快解决掉，才是你告别失败走向成功的奥妙。你有最好的朋友吗？多结识几个好朋友，即使不能生死与共，能够彼此不分你我互相帮助，也难能可贵，在收获的季节能够平添秋色。经过一系列的打磨，蓄积到足够的能量，就是展现才华的时候了，就像加工一件宝石工艺品，经过千磨万炼，终于显现出珠光宝气。人生的每一次成功都来之不易，用胜利的鲜花点缀一下，又何尝不是给我们

的另类勉励。

华为忍辱负重十年造一剑，不是为了看到"鸿蒙"如何的火爆和锋利，更不是为了刺伤谁，而是为了自己不被先进科技所淘汰，一切成功得来不易，就更加要让自己不能在别人的制约下而失败。心智领导力不光要在心里战胜敌人，更要有先进的科技做坚强的后盾，才能立于不败之地。

# 第二节　心智领导力是一种由内而外的领袖智慧

修炼心智领导力是由内而外的，由内养成好习惯不断提升修养与素质，在外不断增强实际工作能力、积累智慧、提高领导力。

5G才进入快速发展道路，6G便已在路上，现代技术发展日新月异，迫使企业不得不重视技术革命，没有技术创新能力就随时面临被淘汰的风险。

任何一个企业的发展壮大和"走出去"，都是建立在国家强大的基础上的，没有国家强大的支持平台做后盾，你不可能走得出去，更不可能回得来，只有国家安全你才能有安全。

推动创新发展、协调发展、绿色发展、开放发展、共享发展，前提都是国家安全、社会稳定。没有安全和稳定，一切都无从谈起。"明者防祸于未萌，智者图患于将来。"我们必须积极主动、未雨绸缪、见微知著、防微杜渐，下好先手棋，打好主动仗，做好应对任何形式的风险挑战的准备，做好经济上、政治上、文化上、社会上、外交上、军事上各种斗争的准备，层层负责、人人担当。①

　　防不胜防永远是企业家心中的痛。企业发展一直都不错，一路顺风顺水，产品领先，发展后劲十足，资金雄厚，完全没有倒闭的迹象，却在一夜之间轰然倒下，为什么？原因不在你，也许与你毫不相干，只因为要对某事进行报复，所以拿你开刀。关键分类产品与技术突然断供，给你玩"卡脖子"游戏，不一下子掐死你，也会让你难受一阵子。这种游戏在企业之间、集团之间甚至国家之间都经常存在，无论是技术合作还是资金合作，都要加倍小心，都要有退一万步求其次的布局设计与储备，为了不被对手打败，为了不被别人封锁技术而陷入困局，你只有未雨绸缪，准备好替代或超越他的技术，才能稳定局面，反败为胜。

　　害人之心不可有，防人之心不可无。这是我们古代先人流传下来的教导。釜底抽薪曾使许多合作伙伴死于对手的坑害。我们不轻易放弃现有的合作，但也不可掉以轻心，关键技术、紧要零件供应商迫于政治压力取消合作，将会是致命的威胁与打击，做好防范与应对之策，才是关键时候救命的根本。

　　华为一直是尖端科技的开拓者，从来不曾停止研发的脚步。华为的"备胎"技术革命，不是牺牲，而是储存能量，在需要时能够由幕后走到前台，粉碎敌人的阴谋，具有与敌人真正较量的实力，同时也能更好地打击敌人的嚣张气焰。搬起石头砸自己的脚，不但很痛，遇到真正的对手时，跳得越高死得越快，没有抢占到市场，反而失去了更大的市场，逼出了更权威的新产品，谁又在乎回到从前去用你的老产品呢？

----

　　① 　2016年1月18日，习近平在省部级主要领导干部学习贯彻党的十八届五中全会精神专题研讨班上发表的重要讲话。

# 第三节　智慧领袖之眼界与胸怀

什么样的思想决定了什么样的生活质量。思想的力量是我们热爱生活和创造生活的源泉。正面的思考会不断给我们带来正能量，负面的思考会让我们进一步认识和看清某些现象与本质，避免自己犯同样的错误。与什么样的人在一起就很容易成为什么样的人。思想是一张网，会过滤掉一些频率不同步的人物与场景。有先进的思想，才会有高超的思维，做出智慧的选择。

不管你是什么样的领袖，只要是领袖，你就是个人才。领袖人才的个人素质与追求很重要。领袖的眼界越高，看清的事物越多，掌控力就越强。眼界决定胸怀，胸怀决定高度，高度决定成就。高度越高起点越好，其行为结果就越高。无眼界必鼠目寸光，无胸怀定难成大器。良好的心性决定胸怀的格局。心地决定性情，性情决定命运。心若毒则性不善，性不善则运不逮。慧根决定悟性，悟性决定智能，无慧根则难通达，无悟性则难行远。所以开发慧根对我们每个人都很重要。慧根是我们与生俱来、深藏不露的智慧，只有经过适当的引导，在因缘合和的情况下，才能让慧根显现，最后成就生命的高度。慧根越大，理解力和执行能力就越强。交际决定人脉，人脉决定拥有，与人为善，实为善己，与人交恶，实为恶己，取人长己更长，揭人短终断己。

**案例：**电视剧《特赦 1959》以独特的视角，以大国之姿态与尊重史实为原则，真实地讲述中国共产党第一代领导人站在历史的高度上，高瞻远瞩，深谋远虑，做出了一系列开创性的决策。对战犯进行无差别化的文化思想教育和劳动改造，并不是在肉体上消灭这些在国共战争中曾经给国家和人民造成深重灾难的政敌，也不是为着报复和打击，而是以人性为宗旨，以与人为善的教育方针为前提，改造人和教育人，并逐步让这些当年的战争罪人放下屠刀，主动交代罪行，愿意承担历史责任。在以王英光为首的共产党人代表的感化教育下，成功脱胎换骨，最终成为中国的公民。在中华人民共和国成立10年后对他们实行特赦，令全世界为之震撼。这再次展现中国共产党对于国民党高级战犯改恶从善的开放胸怀，证明了心智领导力无所不能的改造能力，放眼世界，中国共产党才是真正为人民服务的政党，是最人性化的政党。

有生死经历的人，会把很多事情看得简单而纯粹。无论你多么恋旧它都已经是过去时，只有彻底放下，才能获得新生。珍惜当下，使这个世界变得更好，让爱连接一切。人与人之间有道不尽的尊重，说不清的情谊。同是炎黄子孙，流动的都是中国人的血，要爱这个国家，要为她做点贡献。因此有了一种感恩：感恩所有发生，感恩所有遇到，都是爱在世间的传递。

# 第四节　心态与心智力成就你的格局

你拥有什么样的心态，就会支撑你走什么样的发展道路，那是你的选

择，走不到终点就不要回头；你的眼界有多开阔，会决定你选择的方向有多远大；你的胸怀和气度影响你的格局，会意味着你有多大规模的成就；你的毅力会展示你前进的距离；你的用心和努力，会注定你能做出多好的绩效。我们每个人的成就，不在于起点高低，而在于是否坚持努力去实现自己的目标。

为人处世靠自己，背后评说由他人。有时我们太在意耳边的声音，致使我们决策时优柔寡断，行动畏首畏尾，最终累了心灵，困了精神，最后束缚了自己，放不开手脚。其实就算你做得再好，也会有人指指点点。不要在乎别人怎么看待你，重要的是你要坚定地走在正确的轨道上。不因为别人有不同看法就放弃追求放弃努力。无论在别人眼中是什么样，在你心里，你都是你自己。即便你一塌糊涂，亦能听到赞歌。能够拯救你的，只能是你自己，不必纠结外界的评判，不必在意他人的眼神，不必为了迎合他人而扭曲了自己，不要掉进别人阻碍你前进的旋涡。

每个优秀的人，都有一段沉默的时光。压力不是有人比你努力，而是比你厉害很多的人依然在努力。当你成功的时候为你喝彩，遇到挫折时给你鼓励的是真朋友。不把你的成功当目标去努力，而对你只有嫉妒，在你挫折时落井下石、置你于死地的人要远离。时间是宝贵的，人的一生很短暂，我们没有必要把宝贵的时间浪费在与人计较上。人总会遇到挫折，会有不被人理解的时候，会有要低声下气的时候，这恰恰是人生最关键的时候。在这样的时刻，我们需要耐心去努力克服一切困难，千万不要等待，相信生活不会放弃你，命运不会抛弃你，这远远不够，我们人生道路上最大的敌人不是别人而是自己，战胜自己才能更加强大。唯累过，方得闲。唯苦过，方知甜。

电视剧《特赦 1959》里黄维就活在新旧交替的矛盾中，是接受新事物，走到人民中间去好好生活，还是愚忠到底继续留着胡子怀旧下去？最终在王英光的感化教育下，认清了形势，立志重新做人，彻底与蒋家王朝决裂，剪掉长长的胡子，焕发了自己革命的"青春"，用自己的特长投身到新中国的建设当中。

由此我们得知，心智领导力对人是一种很好的影响力，对朋友是一种很好的催化力，对先进是一种很好的促进力，对后进是一种很好的感染力，对群众是一种很好的统一力，对一切愿意为人民工作的人是一种很好的教育力，对顽固的反动派改过自新也是一种很好的感化力。让所有的人都觉得自己有用，这个世界就不缺少有能力的人。

# 第五节　不能生活在记忆里，要成长在矛盾中

我们每一天都要有一个美好的心情，都要认真负责地做好每一件事。要在赞美与表扬声中总结经验教训，更要谦虚谨慎，期待百尺竿头更进一步；要勇于接受批评与自我批评，找差距抓落实做出好成绩。有些人一遇批评就有抵触情绪，总是感觉自己做得完全正确，总认为别人是跟自己过不去。

遇见批评，你可以做两件事：一是尽力去做好你应该做的事，二是去和批评你的人交谈，听取意见，也许你会知道自己错在哪里。批评你的人才是你生命中的贵人。别人请还请不来呢，谁愿意顶着被你骂被你视为敌

人的风险还提醒你呢？不要认为别人是揭你短，只要你改正错误补齐短板，你就前进了一大步，没有他人的帮助，不知道要等待多少岁月才能走到这一步。我们要记住那些给自己赞扬与鼓励的人，更要感谢那些指出你的差距给你找毛病的人，是他们在真诚地帮助你推动你成长。不要将竞争对手当作敌人，有竞争才有创新才会有进步。与敌人是你死我活的斗争，敌人是不会给你生存机会的，所以，竞争对手是你算不上朋友的"朋友"，要珍惜这个竞争的缘分与机会。彼此互相学习，认真较劲地竞争。

人要学会打开心扉，用心去看世态变化，人总在风雨中行进，在坎坷中成长。生活中的许多苦难，磨炼出了我们的坚强，生活让我们不断地接受考验，磨砺了我们的意志；生活让我们经受折磨，也让我们学会了担当。我们不要只看到别人成功后的风光，无视其为此付出的努力和坚持。与智者同行，你也会逐步变得有智慧；与勇者为伍，久而久之你就被感染和磨砺得有韧性有胆量；与爱者为伴，伴随着爱的滋润与熏陶，你会越来越懂爱的奉献与回报，有情有义地为人处世。

没有风浪，就不能显示帆的本色，更让我们知道逆风寸步难行，顺风才能远航；没有曲折，就无法品味人生的乐趣。曲折是机遇也是多重锻炼，是让你必须要弄明白的许多道理；曲折是转折也是考验，是让你多掂量掂量自己的斤两，要量力而行。梦想虽然很遥远，现实可能很残忍，但只要有信心，不放弃，不灰心，坚持了，努力了，即使得不到自己想要的结果，至少也会少一些遗憾。人生追求的不一定是一成不变的一个目标，追不到或追过头也不足为奇，既然没有达到目的，那就将这经历当作是一个历练的过程，重新定个目标再前进。日子是用来过的，不是等的，每一天，每一刻，无论欢乐还是痛苦，都是生命的恩赐，享受生命，才会懂得珍惜，懂得拥有。

人生最大的魅力，是有一个阳光的心态，岁月匆匆，容颜易老，浮华终是过眼云烟，得失不过一念之间。只要心态平衡，不斤斤计较，来去随缘，便不受万象牵绊。快乐只是一种感觉，一种心灵的体验，与物质和环境并无太大关系，只要我们懂得快乐要与人分享，你的人生就会有无限的快乐时光。做自己喜欢做的事，爱自己能爱的人，走自己该走的路，其他的交给时间。运用智慧将命运掌握在自己手里，你才能自信从容地度过每一天。笑看风云如何变幻，我自心灵坦荡，放松自我，只求自信更坚强，淡泊名利，远离是非，宁静致远达我所求。谈笑风雨人生，做回睿智的自己，把微笑写在脸上，把忧伤留给昨天，学会承受，学会看透，懂得珍惜，懂得放下，迷途中不迷失方向，逆境中更加奋发图强。

用心去看世界，用爱去写人生，成绩只代表过去，今天你需要更加努力，炫耀过去的成绩无助于你现在的发展，只有找到你与别人的差距才能刺激你尽快成长。是鸟就学会在天空中飞翔，练就飞得更高更远的本领；是花就在春天里绽放，与百花斗艳，与群花争春；是清风就吹开冰冻的心田，带来和风细雨滋润万物；是明月就照亮黑夜的迷茫，看清道路通向何方。

人生没有走不通的路，没有过不去的坎儿，无论是自己开辟的路还是别人指引的路，只要选对了路，就要笃定前行。生活不会永远停滞不前，每一天都是新的开始，阳光明媚，风光无限，你是否已走在前行的路上？以上凡此种种心态的历练都是构成心智领导力的活力元素，今天你不可能一下子就变为心智领导力超强的智慧领袖，但细细品味本书，对提升你的心智领导力会有益处。

但凡你想、你要、你求，你就被局限的自我所束缚和困住，格局永远大不了，甚至越来越小。我们只有胸怀大抱负，踏着困难和障碍前进，才能大展宏图。

第四章

# 心智领导力第二战：
# 心态领导力——想在前面

# 第一节　解决问题的思路，方法比结果更重要

　　无论是政府机构还是企业团体，都离不开经营管理。经营企业就是经营人，经营人就是激发他的动力。我们说的经营得不错就是管理得好。实际上就是方法得当，方法行得通执行起来就容易获得想要的结果。群众的智慧是无穷的，只要我们执行合理的奖惩制度，就没有什么目标不能实现。用公司的分配机制解决人的物质需求，用公司的愿景解决人的灵魂需求，使每个劳动者通过自己的劳动得到应得的报酬，同时收获人生的梦想。从这方面讲，心智领导力又是一种领导"向心力"的能力，抓住人的心，才能留住心的主人。观天观地观人品，经营事业还是一个管天（平台）管地（机制）管人才去留的大世界，哪一个环节管不好都会出问题。

不要因为企业经营成本过高、运营压力大就只想到精简机构裁员增效，其实这是最不人性化最愚笨的办法。一个人能力有大小，贡献有高低，但或多或少都是有用的，合理地分配与管理利用都能够创造剩余价值。因人而定岗位、开发项目，成功后的成果都不可小觑。没有管不好只有管不到，是每个人的共有特点，给点阳光就灿烂，问题在于你能不能给，给的阳光是否合适，是否引领得当。良将出马就算死局也能起死回生围困敌军，"怂包"为将累死三军也逃脱不了惨败的命运。

管理不好是因为你的团队没有承担责任的能力。智慧的领导通过"布道"，在每个员工的心中播种自我超越的"种子"，影响员工的思想意识、价值观念，才能维持企业在一个巨变环境下所需要的向心力。把"普通"设计成"梦想"，导入到企业组织制度里面。每个人都可以经历"小主人"—"大主人"—"全主人"的蜕变，欢迎员工独当一面，只要员工敢于承担责任又有能力，那就有自己的位置。

解决问题的思路是否正确，执行的方法是否优秀？要落实到行动中做出结果，就可以证明好的方法的重要性。

正如做父母的时刻关注着孩子的状态，身为企业家的你也要时刻关注着公司的状态，不同的是，你在慢慢变老，而公司却未慢慢变大。有没有想过，可能是你的经营方式出现了问题？

有这样一个家庭，父母子女都很健康，孩子长相好，各方面条件都不错，在教育子女上却从没有达成一致，以致父亲不爱管，母亲胡乱管，孩子从小到大养成了我行我素的习惯，不爱干家务活，也从没有认真让他们干过，到头来孩子都长大成人了，家里家务事什么都不会干，一见面就知道埋怨，以至于从子女小时候父母认为其只是幼稚不懂事到现在懂事不会

干，就成了问题。其实只要我们静下心来，认真地教他们怎么做，怎么才能做得最好，只要他们都会了，才会享受到做家务事的乐趣。无论你想吃什么饭菜，学会自己做，才不至于长期点外卖，吃垃圾食品。做父母的少一些埋怨，多一些教导，从小就要教会孩子做自己力所能及的事情，才能领导好一个家，互相关心、互相帮助、互相爱护，就是一个家幸福的秘密。

同样的道理在企业中也是一样，需要培养合格的员工。经营不善导致企业成长缓慢，时间久了就会举步维艰，难以继续坚持下去。这时候，如果我们还没有找到改变现状的方法，就会在绝境中"死掉"。特别是我们的内心世界会产生种种煎熬，一事不顺事事出问题，处处受掣肘，焦虑总不是办法，企业没垮掉人被累垮病态频出，这就是我们常见的事业焦虑症。根治的办法，就是请高人为自己管理，以职业经理人的高效管理使企业走上正轨，使自己尽快适应环境变化，放手他人成长自己又何不是成长了一大步？长时间焦虑，不如短时间改变，也就是从转变我们自己的思想观念开始，新的思维形成新的模式，新的行动带来新的成果，同样是管理，没有好的方法就不会产生好的成果。方法对了，结果才会好。

## 第二节　善于携手合作，独赢没有共赢发展快

不被困难压倒的生命才是坚强的生命，无数次跌倒依然顽强地站立起来走向终点的人才能创造生命的奇迹。

要想出人头地，就要永远保持不"人头落地"。小的违法犯罪不至于让你丢掉性命，但大的违法犯罪却不仅仅是用生命就能抵消的。今天说这么严重的问题，就是要让大家明白生命的重要和工作的意义。我们为什么工作？我们工作的目的是什么？大家都知道，干份好的工作，过好的生活。对于工作，我们要有责任与担当，我们可能有相同的任务，做不同的努力，贵在我们善于合作，将自己最擅长的技艺发挥到极致，团队的能量才能得到最大的释放；对于生活，我们更要有责任与负担，一个家庭要和睦相处，日子才能过得风风火火，否则所有的开支将会成为负担，一人头上重，十人头上轻，只要大家齐心合力，每人承担一份责任与负担，多贡献少索取，富裕美好的家庭就会出现在你们生活中。

时光正好，光华无限。有限的生命和有缘的人走在一起，就要好好过，好日子都是大家一起努力与奋斗的结果，虚浮的追求只是过眼云烟，一家人彼此相扶相助相爱才是幸福。好好对待在你左右聆听你的人，携手合作就是有什么事都抢着干，不等不靠，能力所在，不管大小，有成就就好，小而多，大而精，每一次成功有自己的努力才会一切都好。

就像无论做饭的手艺如何，都要精心地去做，因为相信只要自己坚持，做得多了，研究和经验多了，总会做出特色的饭菜。既然相互之间已经很重要，在彼此的心里有多少不是，也只是人生沧海一粟，重要的是能够很好地生活在一起，彼此不再需要距离，容得下，看得开，扛得起。

一个单位、一个家庭都是一个团队。如果只有一个人赢得了财富，虽然有带头作用，但始终是势单力薄，任务重压力大，没有大家都赢发展得快。

健康是财富最基础的支撑。必须有行动，必须有标准，必须有责任和使命，不健康是缺乏自律者的硬伤。健康的思维，健康的心智，才能成长为正能量的心智领导力。如果你能指挥一个家庭过上富裕而充实的生活，也同样能管好一个企业，事不同理相通。

教育的目的不是将白纸黑字输入，而是使我们的心从局限中解放，只有这样，爱才会出现，从爱出发的行动一定能带来真诚的人际关系。不要让电脑或抖音切割我们的时间，不要让一些宣称整合资源的索取者消耗你的时间。多多创造人与人之间的连接。孩子需要父母的连接，夫妻需要情感的连接，同事需要工作的连接。无论哪种连接都需要帮助和爱心互相温暖与支持。强大我们的心智，提升我们大爱的能力，用实际行动得来回报与大家分享。独赢只能赢一时，共赢才能共同成长。

# 第三节　善于学习，永不落后

善于学习与实践，才能积累经验，才能掌握自己的命运。只为成功而努力，不为失败拼命找理由。失败了往往会说命不好，成功了往往会说只是运气好。同样是借口却是截然不同的态度。命是失败者的借口，运是成功者的谦辞，努力是积极者的态度。

精神财富是人类进步的宝贵财富，在人们不断追求物质财富和金钱地位的过程中，精神财富几乎要失落了。我们的新一代甚至将其称为心灵鸡汤。这不难理解，却很诙谐。突然发现，时代变了，互联网时代人们对心灵鸡汤的麻木是因为我们说得多行动得太少，所以不要对没有行动能力的人谈理想和抱负，他们想钱想疯了，就是没有去赚钱的行动，他们仅有的能力就是"羡慕嫉妒恨"，很自恋、很无聊、很无赖、很自卑，跳进自己设计的陷阱，不觉醒也不出来，很少与人交流，很难承认别人比自己强，总是拿自己的优势对比别人的劣势，陷入泥潭不能自拔，不自省不自醒，神仙也难拯救。学习本身就是一个循序渐进的过程，学习的目的就是要知道别人先进在哪些方面，自己好积累经验，掌握知识去赶上和超越，不至于永远落后。笔者从这个过程走过来，深有体会，总结出十六个字：细微累积，微精唯一。每日精进，不做稍停。

就拿年轻人谈恋爱来说。有的人为了表明爱的决心，常以山海明志，发誓海枯石烂不变心。结果往往是海没有枯石没有烂，发誓的人纷纷婚变各自愁，劳燕分飞各不同了。人们的发誓往往只是一时兴起，只图一时拥有，哪管日后长不长久。其实山海也从来都是在变化的。君不见，山洪与泥石流、人类开山取石取土无不在改变自然的面貌，大量泥石流与泥沙与洪水汇入大海，大海不是在变深就是在变浅。所以我们不要怨天尤人，做好自己、成就他人何尝不是一件美事。

这就说明，好的态度只是成功的开端，一切精心的准备，没有一以贯之的努力，只专注于单纯的精神追求或物质追求，都是不可取的，将精神追求与物质追求割裂开来，势必会发生不可调和的矛盾而分道扬镳。

沸腾的情怀要热情不断，柔情豪气要紧密相合，脱离了志趣，就会只剩下傻里傻气，没有可爱之处。天地一体之仁，怎么奔腾，都走不出一颗心。

图片来源：笔者手绘。

音乐美妙之处在于你要懂，当音乐响起，你就可以沉浸其中，陶醉于它的洗礼，如果你不懂，就会不得要领，就感受不到它的魅力，只会当它是噪声，仿佛在哭诉，对你一无是处，反而令人生怨。心境不同心意就不同，产生的心智就不同，做出的事情结果就不同，用千差万别形容也不为过。

这里有个问题要问大家，我们学习的目的是什么？

学习的情绪就像美酒好喝不醉，学习的态度与兴趣就像大海有时候惊涛拍岸，有时候慢慢漂流。只要我们需要而又不懂就要去学，有的是为了学习技术，有的是为了学习某种精神，有的是为了学习解决问题的方法，有的是为了掌握更多的知识，有的是为了学习别人的经验教训，有的是为了求得人脉的磁场。每个人都有自己的学习目的，但都离不开心智与素养，离不开经营人生，离不开提升自己的工作能力，离不开掌握更多的赚钱技巧。如何认识自己，如何发现机会？其实学习的目的，就是我们可以借助资源来蜕变，清晰地看到过去的滋养和当下的根源，在时间线里看见我们的言行分离又重新组合，再分离再组合，在不断的裂变中获得更多的成果。今天的事情今天干，不要等明天，明天何其多，就会永远没有结果。明天是失败者的借口，改天是固执者再也走不出的陷阱。

因为心智力不强，心智领导力就会相应处于弱势，就有可能导致你走错方向。

很多人都是在受到伤害后才明白：疗伤者必须面对伤害，才能认识到原本属于我们的生命宽度，不要活成了逃避和迎合。人间大爱是感情的自然流露，没有索取更不需要回报，施者坦然，受者无须有负担。家庭中爱的排序，清晰警示我们：反求诸己，利于他人才能达己。

我们每个人都很重要，我们面对的每个生命都很重要，珍爱自己，我们受馈赠于人，我们当馈赠于社会和人群，才能集大家之智慧服务于社会，贡献给国家。做好自己，感召生命，共赢当下，让爱自己、爱他人、爱世界成为滋养我们的沃土！

第五章

# 心智领导力第三战：
# 思想领导力——碰撞出火花

# 第一节　凝聚能够让员工誓死效命的企业文化

一个成功的企业，都有自己优秀的企业文化。发展时间越长的企业，能够与企业成长的员工越多，越说明企业发展后劲无穷，证明每一位员工的付出都会有很好的回报。只要坚持发展成果与所有员工同享，将分享成果规划为及时回报（工资与奖励）与期待回报（满多少年奖固定资产），牢牢锁住每个员工的心，使每个人都发挥出超常的心智领导力，就没有哪个员工会放弃现有的一切，放弃那些愿景中的奖励，虽然很遥远，但也不是不可等待。因为这世间没有完美的人，所以人都会有渴望与欲望，我们有条件有能力满足这些条件，为什么不可以执行呢？正因为每个人都可以这样想，所以我们才借助这股力量，形成一支完美的团队，建设一支能团结奋斗能攻坚的团队，凝聚团队智慧，实现企业发展的一个个目标。正所谓"百川汇海可撼天，众志成城比金坚"。有了这么好的团队，我们的事业不愁发展。

成就团队辉煌，助力人生成长。能够将一千名员工、一万名员工甚至更多员工一个不少地培养成成熟战队的一员，你的企业文化就如同一个强大而又文明的国家，大家都会有强烈的认知感、归属感、亲切感，都不会愿意抛掉眼前的既得利益而颠沛流离去过没有希望的苦日子。培育员工上下齐心的合作精神、创新精神、工匠精神、主人翁精神，是团队共赢的希望与助力，让大家形成共识凝聚出不可战胜的力量，有了这股力量，是任何敌人攻不破打不倒的。团结诞生希望，团结凝聚力量，人多力量大，问题再复杂，总有人会看出端倪，发现问题的症结所在，进行妥善处理。团队成员间的不和就是敌人进攻的机会，稍有不慎，不是被敌人打倒就是被敌人利用而瓦解。

强化竞争意识更要营造团队精神，对内不分彼此，对外一致抗敌。一个所有成员都具有主动性、思考性、配合性的同心同德的团队就是一个战斗集体，统一他们的心，集中他们的智，让他们像爱自己一样爱企业，将企业当作是自己的家，大家既能够负担责任又能够紧密协作，强烈的竞争意识随着感情融化到热情的工作中，即使大家拼命工作也不觉得累，在大家心里认为这都是应该的，所有的劳动都值得。

一个人工作的激情与能量有高低，心智领导力就是要管心管力，领袖的智慧就在于管好这些能量，利用好所有人的智慧。低能量为什么低？就因为低能量往往都被消耗在问题的推诿与扯皮和间歇性问题频出中。高能量为什么高？因为高能量都具有压倒一切困难的实力，都是问题的终结者从关注到解决问题再到提升自己的实力。这样认知清楚，就不会再纠结，

见识越多，阅历越广，就越容易接受新鲜事物，更容易要求进步，就会增添无穷的学习乐趣，知道如何向别人学习，取长补短，增长才干。没有别人懂得多，没有智慧的头脑，就要勤奋地学，勤劳地干，你才能成长起来，才能由弱者蜕变为强者。要想自己也能够像别人一样有好的发展前途，就要开启蜕变的能力，创造一切可能性的成长机会。惧怕什么就面对什么，愧疚什么就承认什么。勇敢地走出来，将注意力集中在当下，体验我们自己的能力改变、能量增加，时间会告诉你，我们一切的有效行动都创造了有限的价值。做知行合一者，确实很值。

在广州、深圳做得比较好的企业都有一套吸引和留住人才与技术员工的奖励措施。在工资与多劳多得的奖励之外，另设年薪奖励，员工每年增加 200 元，中层每年增加 400 元，高层每年增加 800 元，工龄越长年薪越多，技术员工工作满 30 年可以获得住房永久居住权，工程师工作 8 年以上可以拥有使用权，15 年以上终身拥有房屋产权，让员工干有所得，心有所属，除了一心干事业，没有后顾之忧。让员工认为是为自己打工，当自己的老板，谋自己的福利。

你的成功使企业变得更好，企业发展越来越好，你的功劳自然少不了，相得益彰，个人与团队成员越努力，企业越兴旺。

# 第二节　个人思想与团队凝聚力

别小看心智的力量，它是一切的源泉，你说它在它就在，你说它不在它就不在。智者就是矢量从未知到有知，从少知到多知，从孤陋寡闻到熟能生巧，从幼稚到睿智，从日积月累的掌握知识中成长为有能力的人，知其可以为所以为，知其不可为故深信不疑，磨炼出成熟的心智和毅力。心态好就一切都好。一个人之所以少有病甚至从来就不生病，是因为他会劳逸结合，增强了体内新陈代谢的能力，自然治愈的力量就会越来越强大，拥有了健康的机体，一切病毒与细菌自然就无法侵蚀。疑心生暗鬼，错误生百病。你怀疑什么，什么就会出现在你的周围。其实每个人都可以用美好的心情调节自身治愈系统向好的方向发展，某些症结都是可以自愈与自我磨砺的。拿某些现象去与某某专家讲的概率性问题对号入座，自己给自己下结论，自己给自己找病，就会从此心情不佳，连带会影响睡眠不好，逐渐还会胃口不好，身体软弱，直至病得不轻。心中总是有个疙瘩，你可能会无病生病，小病变大病，最后病入膏肓无可救药。其实，这是你自己将自己逼上了绝路。

内心强大，生有所恋，尽心地去做你该做的事，任何物质都有生命，又何必去在乎命长命短。任何物质生存的方式都不同，如果非要去分析其组成成分与活性，任何物质都会含有这样那样的微毒，单其这种毒性来讲，任何一种过量都会置人于死地。自然界的物质循环也好，人体自愈修复系统也罢，都会担起平衡的作用，所以只要你没有什么过分的偏好，就不会出现某些所谓的专家讲的危害。

心魔大焉，其实就是坏脾气很多，各种复杂情绪就滋生得厉害，从而影响心智的正常发挥，乃至心力交瘁，造成动力不足，血液循环不畅，正能量因子损失严重，负能量因子就会登场，糟糕的心情、糟糕的病情都会接踵而来。所以有个好心情很重要，坚持磨砺好心智，充满正能量，只要

你做了，只有好处没有坏处，就不会受负能量影响。

我们的心都是用来发现世界、了解世界、谋划改变世界、谋求占领世界的，因为世界这么多美好的东西都可以为我们所用。世界的美丽，世界的温暖，世界的积极正能量皆始于我们的心念。心恶则恶，心善则善，一念之差，不论过去多好的人生也会毁于一旦。相由心生，恶向胆边行。我们在谋求大富大贵的同时，一定要行善积德，千万不要去沾染恶的种子，道德长堤百年难筑，要毁掉它只需种一次恶。提高心智力，才能防患于未然。我们没有权利去要求别人怎么做，但我们却可以自己先做起来，用自己的积极言论与积极行动去影响他人，让他们感受到正能量的力量，感召他们与自己一起行动为这世界创造美好。

我们生活在这个复杂的世界里，时时刻刻都在经历量变与质变，没有人喜欢被负能量干扰和影响。我们都希望自己随时处在正能量的状态，希望自己比别人更正向、更健康、更愉悦。有一个较好的状态，以舒适的心情投入每一天的工作与生活中。

在我们的生活、工作中之所以不停有阻碍、不如意，其实根源都在我们自己身上，因为我们没有彻底将事情处理好，导致产生许多莫名的烦恼与忧愁。心智领导力不在于你能够指挥多少人干好应该干的事情，而在于引导与指挥你自己的心智正常发挥并突破，凝练内在智慧，提升觉知力、洞见力，做一个有高端意识品质的人。从领袖意识到领袖智慧再到领袖才能，一次次质的飞跃，从传递正能量到影响感召一批人成为正能量的群体，建设一个战斗集体，融入大家的心血，明白你不是一个人在战斗，是大家在一起努力，只有将个人先进思想与团队凝聚力紧密地结合在一起，才能产生改变世界、改写历史的动力。一个人可以生来就贫穷和富有，但如果我们能够解决为什么贫穷、为什么富有的问题，也就成为了真正的强人，无所畏惧曾经如何。

未来是一个共赢的时代，没有什么是不可能的，只有你想要怎样的可能。企业把爱与共赢传递给消费者，转换消费者为消费商，既消费又获得利润，分享因消费而带来的销售收入，这个过程就是共享。员工与合作者如果没有爱的能力，分享就无法真正完成。培养合作者将产品的温度传递给合作人，重塑服务者鲜明的价值观，将会成为训练的核心。由一枝独秀到春色满园才是我们需要的结果。

一支出色的团队，首要就是在共同经历下形成感召力、价值观体系以及相应行为过程的企业使命。在这样企业氛围下训练出来的人才，将具备个人品牌独特优势。

有眼光的系统领导人，会聚焦打造团队升级。从形象到语言模式、气质、产品与人性道德结合，再到社会责任、家庭关系、内心与自然，最后到爱自己爱世界的能力，变为生活的高手。

对中产阶级的人群，不用营销套路的引导，而是以清晰价值观与爱的能力感召，这是现代企业、团队、系统共同面对的新起点、新方向。心在动更要行动，我们一起努力！

# 第三节　打造个人与团队的共同愿景

企业的发展离不开企业里每个团队、每个人的共同努力与工作能力的提升。国家福利、企业福利要具体体现在鼓励员工的积极性与终身奋斗精神上，除了五险一金外，对于与企业同甘共苦、共同进退的员工，有的企业承诺工作满 8 年给予豪华汽车的奖励、工作满 15 年提供住房奖励等措施以留住人才。美好的愿景只有实施、兑现，才能后继有人努力为企业做贡献。

了解别人容易，了解自己难，因为你总是想保守一部分秘密，不想让人知道，在面对许多事情的时候就不那么坦然，以致日积月累产生许多模糊概念，私心杂念就会越来越多，慢慢就使自己变成"装在套子里的人"，与人交流困难，不能开诚布公。要改变这种状况就要学会与人相处，学会袒露心扉，学会友善为人，学会做事大度，你就可以成为受人欢迎的人，被人尊重的人，让人信任的人。在你遇到困难的时候，你才有可能得到大家的支援与帮助。

什么是支援？支援就是在关系里找到正面资源，支持他们的目标。要找到积极正面的人性包容，支持正面意图。在一个团队里，某个人不小心误入歧途使团队遭受影响和损失，其他成员会同心同力帮助其修正错误，弥补该过错造成的损失与遗憾。企业要发展好，离不开对有贡献的人才和违规滥用职权人士的奖赏与惩罚。物质与精神奖励永远是企业发展最好的福利，是一种能够让人都依恋又割舍不断的情，更宝贵的是除了自己的努力与奉献外，能够有更大的寄托。

　　美国安利公司创始人之一狄维士曾经说过："一个好的公司，不是一味教你赚钱，而是培养你的眼光、格局、信念、情商、爱的能力和领导力。一个好的品牌，不是宣扬一夜暴富，而是让你从蜕变自己开始，拥有爱这个世界的能力。"也许所有人办企业都是为了利。这世上根本就没有一本万利、一夜暴富的生意，凡是敢那样宣传鼓吹的不是小骗子就是大骗子，因为我们都看到他们不是进牢房就是自己跑路，没有一个好下场。只有确立企业发展远大目标、依靠科技创新产业革命、拥有长远发展愿景的企业，才是我们经济发展的中流砥柱。

# 第六章

# 心智领导力第四战：
# 管理领导力——定位管理

# 第一节　时间管理——用有效的时间做成更多的事

什么是时间管理？时间管理就是我们按照自己所有工作的轻重缓急统一做一个工作计划，用技巧、技术和工具帮助我们完成工作，实现目标。时间管理并不是要把所有事情做完，而是更有效地运用时间。时间管理的目的除了要决定你该做些什么事情之外，还有就是决定什么事情不应该做；时间管理不是完全地掌控，而是降低变动性。时间管理最重要的功能是把事先的规划作为一种提醒与指引，让你完成那些真正重要的事情。时间管理只是一个相对的计划，并不是绝对要按这个计划做，当新的急需做的事出现以后，以往的计划还是会被搁置，主张时间管理的关键不在于时间，而在于个人管理。与其着重于时间与事务的安排，不如把重心放在维持产出与产能的平衡上。只有重要的事务才能用规定的时间去处理。我们常用的方式是：

（1）详细周到地考虑工作计划——确定实现工作目标的具体手段和方法，预定目标的进程及步骤。

（2）善于将一些工作分派和授权给他人来完成，提高工作效率。

（3）制定工作计划，将事务整理归类，并根据轻重缓急来进行安排和处理。

（4）为计划提供预留时间，掌握一定的应付意外事件或干扰的方法和技巧；准备应变计划。

简单的路是自然界的路，任谁随便走；人生的路却从来都不会很简单，但只容许一个人走。在一样的时间里完成一样的事，这不足为奇。在同样的时间里，你完成了别人不可能完成的事，你是个能人；你完成了许多人一起都完不成的事，你就是一个充满智慧与领导能力的人。什么是管理？就是调动一切可以利用的因素达成最有效的成果，找准定位，落到实处。定位管理没有统一的标准，只是一种方式，因事因时因人而异，以最简单最直接有效为优，千帆进击各借风雨，全凭用对时候、恰到好处。领袖智慧在于统领全局，指挥有方。有时候如音乐家的指挥棒点向那里都有美妙的音乐响起，音音相连成神奇的乐章令人神往；有时候如敲鼓手的鼓槌看似不过上下缓击，铿锵之中不乏点将的激情，每一击都在催人奋进。

# 第二节　目标管理——智者目标

　　坚定地走自己的路，你才会有路；模仿别人走路，也许你可能成功，也许你根本就走不通，因为那本来就不是你的路。

　　本书要讲的目标管理不是普通意义上的目标管理，而是一个全新的领域——智者目标管理。智者，就是聪明的人。现实社会中，我们每个人都是聪明人，没有谁比谁愚笨很多，只是在使用和发挥我们聪明才智方面各有千秋各有差异。

　　什么是智者目标？就是一个实现自己远大理想的计划。知道自己该干什么、怎么干，制定一个能够具体实施的步骤与方法，也叫聪明人法则，要想金石为你开，除了心诚则灵的心智领导力指引外，更多的是必须投身到实践验证当中，以实力说话。没有实力，再好的计划也是"有意看花无力种树"，树都没有哪里去看花？再美好的理想也只是一个你永远无法实现的梦。

　　世间事物林林总总，世事沉浮，每个人都置身于其中，难免会有不少迷茫与更多疑惑。日月如梭，照见一切的事物，你是否明了，想不想得通，看不看得透，为求明而靠近明，一个"明"字，道尽世态炎凉，世间百态。要坚守本性就要剔除混浊心态，才能明心见性，了悟止然。能够发现自己的真心，见到自己本来的真性，是不容易的。理性回归人性，才能"直指人心"。见诸本心不忘本性，不生不灭，不染不著。心要用才叫心智，它在你心底，不会向你走来，也不会离你而去，只有在生活中用心，它才会被挖掘而呈现。

平时我们的心性都处在蒙蔽当中，这是为何？因为我们被各种事物、个人私欲所遮蔽阻挡，心性不佳就是私心杂念太多，你的人生态度就会多样化，时而变好时而变坏，要排除众多干扰和私心杂念，需要通过静心修学来疏通、约束和管制，使其更具我们要求的理想化理性化人生，从而呈现真智慧。禅宗六祖也把"明达自心，明照自性"当作追求目标，剔除驳杂归还本心，纯正我们的心智，所谓的"见性成佛"就是我们每个人修身养性身体力行的最高目标。

芸芸众生，如何在世俗生活中剔除杂念，率真表现人的心性？我们要做一个明白人，明白自己从哪里来，要到哪里去，要走一条什么样的人生道路，要成就什么样的人生理想，要实现我们的最高人生目标如何行动，如何管理。只有"明心见性"，才能彻底认识自己，认识事物。认清了自己，就要表现自己、展现自己的实力，朝着自己的目标前进；认清了事物，就要认真地去做事，不要老想着干出一件惊天之事才是自己所求。其实平凡事，不论大事小事，只要遇见，一样都要努力做好。抱定一颗心：只有不会做，只有不努力，才会有不成功，要做就做好，不做就让给别人一个机会，成人达己，何尝又不是一件乐事？

老子说"自知者明，知人者智"，可谓一语中的。大家都学古贤智慧便可以牵引出一个智慧的人类世界。生命的延续在于造物造人，它们都遵循着某个规律在变化，因为有变化，才有那么多的"物是人非事事休"。古希腊德尔菲神庙上刻了两行字，一行是"认识你自己"，另一行是"凡事勿过度"。认识你自己，就可以规范你的言行，朝着自己想要的方向前

进。凡事过度就会带来伤害甚至灭亡。任何物质生命不在平衡中成长，就会在极限中毁灭。

总结古人的成功之道，结合当下实际，我们在积累经验的同时还要深入实践，熟练掌握各种生存技能，提升自己的实力。心中有为生活中就有位，尊师重道，礼贤下士，礼尚往来，在接触万物中你会体会到无穷的智在自在，智慧由心启，智行觉自在，乐在其中。我们说的这个"礼"就是找到个人在社会中的位置，然后通过遵循规范来诠释含义并身体力行。古人给我们的警示是，当有醍醐灌顶的顿悟时就要及时行动，在高人高智慧的抚慰下，方成就自己的高智慧。"礼"就是道和仁作用在人的行为规范后的结果和显现。我给你鞠躬你看得见，我给你送礼，货真价实，看得见又摸得着。所以，明礼之人必然也会暗合于道，恰逢其道，真知于心，真明所道，再恰逢其时，认准一道一路走到底，就不会迷茫、不知路在何方。

知礼就是智慧的开始，守礼是成长的钥匙，懂得什么样的规律与规矩才能打开什么样的门。知礼知节，才能不忘乎所以，只有规范我心，才能不生坏心，才能茁壮成长成充满正能量的人。礼恰到好处，便能达成自己的心愿，心愿好心气就高，心气高做什么事都顺风顺水，顺顺当当。

我们讲明心明德，不是简单地明白自己的心，最重要的是"明德"，明德虽出于本心，却是一种光明正大的品德，一种无私少欲的思想状态，一种纯然的本心，也是真心、自然之心，有惠众之意。《史记》中有说："天下明德皆自虞帝始"，由虞舜开始的道德文明，有法治与德治，一切都遵循一定的规则，以理合法符合常规，没有倒行逆施，德性好、品行端、德行正，多做让人们感恩的大事以德服人顺乎民意。到了农耕文明时期，

76

要先解决人民吃住穿用度等不用愁，要达到丰衣足食的盛世，才会有举世繁荣的欢乐景象。到了政治文明时期，政行令至，轨行废止，都是治国理政的典范。这三皇大帝擎起的文明是我们中国文明的三大起源。而舜帝重德，对"人"的文化影响尤其大。可以说舜帝是华夏"人学"的祖先，他还开启了南方文化，南方至今广泛流传着关于舜帝的传说。像永州的九嶷山、舜皇山，桂林的舜源峰、虞山公园、虞山桥这些都和舜帝有关。如果读者有空可以到此一游，亲自感受先祖文化，畅想梦幻古文化之精髓。

# 第三节　明心见性，要明真心得真性才能真行

仁者见仁，智者见智，不要停留在讨论阶段，要直截了当的实践才能出真知。因为人皆有"仁"和"智"，才会心中对事明了，才会有"明德"，有"自然之本性"。一旦发现了就需要扩充，才使你懂得比常人更多的道理，使各种经验更加成熟。心中对诸事明了，方知哪些可为哪些不可为。这就是我们说的良知与良心。曾子谓之"明明德"，佛家谓之"明心见性"，王阳明谓之"致良知"，笔者称之为"智诚致远"，其实都一样。学问二字，有学才有问，你想学到真东西，就要勤学多问。所谓茅塞顿开就是你冥思苦想却顽固不化千年不解，而仅此一问则一点即化。

我们追求卓越就少不了要研究如何求大求同，小而向导，大而成道，只有大才可以同，才可以合。小，必然分，必然离，离心离德必然破碎。有志同才有道合。人与人距离的远近在于感情的亲疏。亲者心相交相知相

近相同，许多事能够不谋而合，做出同样的决定。疏者常因意见不合互不相应，你是你，我是我，恍如隔世隔代错位，难与共事。人心不古世事难为。

对于好学之人，我们自然要成人之美，你善学我便多教。这便是我们说的心性之美。心性最美之处是在得之于内心，而外在浑然不觉。因为一个人即使学问通天，他还需要回到普通人群中来，寓教于乐，传道授业解惑。不然就高高在上，成为孤家寡人，少不更事，老死不相往来，成就也大不到哪里去，充其量算是一个混世先生而已。古圣贤的学问讲的都是实践，都是要有结果的，不是去死记硬背。

在世为人，你的处世哲学就是你的道德标准，对自己要求越高，就更加要具备高人一等的处世智慧，而又浑然与常人为伍，这样才可以真正把明德推广开。所以"亲政要亲民"，不是说说而已，不亲则又分了，又不见性了，又不明德了。如此看来，一个"亲"字，进一步强化了"明德"，并提升和完善了"明德"。古人用竹简写字，一字千金，怎容得那么多废话？故一个"亲"字，智慧全显现了。有"亲"才有"新"，有亲才能显示你的能力，让大家知道你有几斤几两，才好配合你的行动，创造新的价值。一切的创新发展都由此而起，都以成果告一段落。

追求至善至美，给自己一个最好的境界，这不但是每个人要追求的，也是万事万物所必须追求的。"止于至善"就是要把这种最美好的状态定格在此。恋爱中的男女遇到自己心爱的人会有这样一个愿望：请让时间停止在这里，因为他们希望这一刻永远延续下去，直到地老天荒，海枯石烂。"止于至善"，是一种以卓越为核心要义的至高境界的追求。上升到人性的层面来说就是大真、大爱、大诚、大智的体现。人生巅峰是大智大勇修身齐学的毕生追求。善于思善于谋，善于量化与布局，善于追踪落实，所行之路便至善至达，这便是至善为上，大善为首。这正合我们的理念：退一步海阔天空，留一手防止对手釜底抽薪。"止于至善"不但要求我们进一步升华我们的才能与技术，而且还要补充和完善我们的不足。唯有不足才是我们最致命的地方，也是最容易被人下手攻击的地方，只有将其完善了，才能逃脱被人抹杀的命运。

# 第四节　将命运掌握在自己手里

最上的智慧就是牢牢地将自己的命运掌握在自己手里，能合作就和平相处，不能合作即便分手也不至于会摔跟头。

知止而后有定，定而后能静，静而后能安，安而后能虑，虑而后能得。物有本末，事有终始。知所先后，则近道矣。真理不在谁对错，以利当头，利行就是不公，不是你多就是他少，其真义究竟如何？你想得到多大利只有你自己知道。

止于至善，是求上上之法，就是知道人生的方向和追求后，或者说知道目标知道需要什么后，就要坚定志向，摆正心态，定好谋略一路走下去。这个止就是不要有偏见，要"止"于"一"，运筹帷幄之中，决胜千里之外。"止一为正"，"正一"就是"道"，为自己设定人生大道者，都是能成就一方事业的智者。志比天高、智力弱小、劳累一生也只能做一个打工者，人怀有"一道"者为"大"，行于"道"成于业，之所以能创业

成功，胜在时时事事都领先。《尚书·大禹谟》中有："道心惟微，人心惟危，惟精惟一，允执厥中"，这个"惟精惟一"就是我们的"知止"。所以古人立志，只立一个志，那就是圣贤之志。这个"志"就是天人合一的"道"的智慧，它是唯一的。除此之外，再无二志。

书中自有颜如玉，书中自有黄金屋，说的就是多读好书不但能增长智慧，更能够给你带来无穷财富。现代社会很现实，做人无品、行事无德，才能再大也无用，既然你目中无人，别人又何须待见你？面对事物变化时，只有用道来区分，由此来选择。可见止于道，才是真正的智慧。因为已经把道作为衡量一切的标准，那这个止则是立足于真理，立足于长远的道。

李嘉诚说成功没有偶然，他的公司叫长江实业，因为长江是祖国的母亲河，滔滔不绝永流不断，有长盛不衰之意。这就是告诉我们，做任何事都要有长远打算，不要只顾眼前。如果你一心只图暴利，你也就不会走很远，待大家都知道你是一个唯利是图的人就不会与你合作了，在名和利之间，要把自己的名看得更重，毁名容易塑名难。李嘉诚把"知止"二字作为座右铭高挂在办公室，作为一生遵循的道，不仅是挂在那里摆样子给别人看，更是当作家训约束并警示自己与家人。财富无穷尽，取可取之财，用可造之才。纵是华人的商业领袖、富可敌国，仍一生保持老农民的朴素生活习惯，这个很不容易，因为他知止，而后有定心，有操守，不为外物所动，形成了良好的商德。我们身边很多粗浅之人，他们只要有一点点成绩就沾沾自喜，不思进取，心也浮了，气也滞了，智也弱了，找不着北了，这个止就是堕落，是遗憾，也可能是无尽的懊悔。

心有所定，定有所计，计有所守，守有所谋，谋有所求，求有所得。

谋定而后动，就是"知止之定"。心在该定的时候定，则胸中自有乾坤日月，寻常事物无法动摇，则干大事之智慧自在其中。不动心可不是简单的事。此心只可为"道"而动，不可为"欲"而动、为"利"而动，甚至为"情"而动。而这个忘情并非是无情，而是可以驾驭和操控自己的情，冷静自己的绪，掌握自己前进的脚步。遇情不怯遇事不慌，使情更近，处事更圆满，这样的不近情理反而是更合情合理。"合情合理"实际上是中国最为智慧的中道文化。合理者为道，合乎情者为心，道心合一，则为最高之学问。

"静"不是真的停止了，而是要想清楚如何争。定下目标，布好局，安排好出路。我们仔细看看这个"静"字，可以拆分为"主、月、争"，主代表主义，月代表时间，争代表纷争、争取。这可以理解为：为了坚持自己的主义不管用多长时间都要争一争。所谓的静而后能安，无论所在何时所处何地，都可以随遇而安，随心而安，随处而安。志向坚定才能够镇静不躁，镇静不躁才能够心安，心安才能理得，理得了才能够思虑周详，思虑周详才能够有所收获有所成就。这样的成就才是真成就，这样的学问才是真学问。

最美好的永远在路上，正如我们的人生，精彩的是过程。一步一步在接近，就能真正地感觉"学而时习之"的喜悦。学习每天在进步中快乐，学习每天在实践中收获着成就的愉悦。

"路漫漫其修远兮，吾将上下而求索"，这种永恒的努力象征的是生生不息的华夏文明，中华文化源远流长就在于此，人只有在努力接近"道"中才能获得无限的价值和意义。我们不如从现在起就启用新思维进化自己的新思想，能够有更多的时间做更多的事，忙于做事，乐于做事。

人生何处不相逢，但不要一见就比高低。人的命运并不都关乎钱财、情绪、名利。但在利益财富面前，我们要学会审时度势，不要目空一切。你努不努力，财富都在那里，有的人靠自己努力捷足先登获得了财富，每个人都有获取财富的资本，你所走的道路越靠近财富则压力越大，责任越重，既然一切财富都是为"道"而准备、设置、生长、存在，那么我们就尽心修好我们的"道"，能够快人一步百步地前进，道路还会远吗？财富还会少吗？将之于个人，则可提升人格魅力，使我们的道德品质和修养与事业发展相匹配。将之于家国，则是民族的繁荣国家的兴盛，文化的传承和万古流芳。一切财富为此而用，才是财富之大用处。看到这里，相信你一定知道了自己如何做一个成功的智者，如何去实现智者目标。

## 第五节　用其才担其责，最大限度发挥团队效能

心有大斗才能装大智慧，才能担大任。

毛泽东在《心之力》中精准论述："个人有何心性即外表为其生活，团体有何心性即外表为其事业，国家有何心性即外表为其文明，众生有何心性即外表为其业力果报。故心为形成世间器物之原力，佛曰：心生种种法生，心灭种种法灭。"你胸怀天下必有伟力助你才能达成宏愿治理天下。手无缚鸡之力，纵有鸿鹄之志也只是井中月、水中花，可望不可求。个人力量有限，但我们借助一个团队的力量，管理和使用好整个团队的力量，有的放矢，就会无往不胜。"心为万力之本，由内向外则可生善，可生恶，

可创造，可破坏。由外向内则可染污，可牵引，可顺受，可违逆。修之以正则可造化众生，修之以邪则能涂炭生灵。心之伟力如斯，国士者不可不察。大丈夫立天地间，借浩然正气养明德之志向，调天道大能塑强国之心力，即显官圣民正奇效。"（《心之力》，毛泽东）心若英明，可以统领伟力之团队共创辉煌；心若灰暗，尽出阴谋诡计祸害他人。毛泽东是中国乃至全世界最睿智、最朴素、最有担当、最伟大的领袖之一。他带领他的团队历尽千辛万苦进行了许多艰苦卓绝的斗争建设了中华人民共和国，坚持立党为公一心为民，一切"为人民服务"。无论是在救国救民的战争年代还是在建设中国的发展途中，依然保持粗茶淡饭、勤俭节约。直到逝世，内衣、内裤、袜子等补丁叠补丁的习惯依旧没有改变，一国之首不是买不起衣服，而是当家才知油盐柴米贵，衣服能穿就行，钱财要用在更需要的地方，体恤国民。他的英明他的智慧无人能比，他的胆略与气魄让敌人闻风丧胆，他永远是中国人的骄傲。

　　刚才讲了大人物，现在回到现实中，讲讲我们的小人物。我们的企业管理者该如何带领团队创造出好业绩？企业家是一个为自己的事业当家做主的人，不论是独资企业、合资企业、股份股权企业，都要有一支团结奋进的团队，都离不开一个具有绝对权威与自主权的领导者。没有团队的合力，你开不动企业前进的大船，没有自主权，你干得再好也白搭，要不了几下，阴谋家就会夺取你的家，所以任何时候你都不能掉以轻心丢掉你对企业的掌控力与自主权，其他的经营细节与管理交给你的团队去打理，各得其所。

　　那么，我们该如何带领团队创造好的业绩呢？要根据企业发展需要找到你急需的人才组建强有力的执行团队，使每项工作都能落到实处，然后

集合大家的智慧，各抒己见，各展奇才，充分为企业所用。任何财富都是大家努力创造出来的。你要明白：无论职位高低都要创造价值，你在企业里才有使用价值和存在价值。你要清楚：有福同享有难同当是最真实又最实用的企业文化，任何企业都不养闲人，你奉献的比你得到的要多得多，企业才能够生存，若你得到的比你奉献的多，毫无疑问，你赖以生存的企业就算实力再雄厚也会在某一天轰然倒下。你要明白为什么来这个团队？你来这里能做什么？你所有的努力能够为企业成长注入哪些动力？你最大的荣幸是与企业一起成长，逐渐被重视，虽然取得一些值得骄傲的成绩但却从不骄傲，因为没有骄傲的资本。那些比我们干得好干得多的前辈依然在埋头苦干，兢兢业业地拼命努力合力推进我们共同的事业，我们还有什么理由不好好干？

敢于挑战大目标的人，从来不为自己有点成绩就沾沾自喜，有的是激发出更强大的拼搏精神和毅力。那些走在前面道路上的人，一定都是把苦都吃透的人。吃一点苦能够换来好成绩，我们都认为值。心智领导力就是从打开团队成员的心扉开始，让每个人都知道不断地学习，不断地感悟新思维从而创新，不断重新认识自己、改变自己、突破自己，提高解决问题的能力，每个人每个团队都能超越计划完成任务，这样的团队这样的企业难道还有发展不好的道理吗？

那么问题又来了，提升我们团队战斗力的计划该如何做呢？做计划谁都会，但做计划最紧要不是目标、任务与执行细节，而是从最坏的打算做计划，将最大的风险和最不可掌控的范围精确列举出来，并列入保密计划和科研范围重点突破，以防某天风云突变而遭遇不测。一切做最好的准备，就是要避免从最坏的起点出发。只要大家努力，创造好的业绩都容易，但是要躲过敌人的算计往往很难，因为大多数企业都没有建立这种防范机制，以至于事到临头往往措手不及，华为的未雨绸缪之计才是企业发展的百年大计，希望所有的企业都要引起重视，许多违背自然生存的规律不是没有，而是不到时候出手，一旦出手必定是置人于死地的毒手。不要只看到大海表面的风平浪静，你捉摸不到的海底其实一直都是暗潮汹涌。

第七章

# 心智领导力第五战：
# 沟通领导力——自圆其说

# 第一节　面对面的说服

心越平静，你越快乐，智慧越高，你越融通，要求越少，自律越多，外求越少，内省越多。经历过千山万水的跋涉者，懂得"静"背后是如何从容淡定。

现实社会生活和工作中面对面的机会很多，大家免不了要交流和对话。要对话就会有争论，无论你立场如何、动机怎样，都会各说各的理，各讲各的道。

说服也是一种力量，通过我们的语言描述与沟通，解决我们要解决的问题。能够达成统一的意见是最佳结果，求同存异是退而求其次的第二选择。说服力是一种信心的传递、情绪的感染，是一种价值观的传递与转移。说服力更是一场智慧的较量，是经验与能力的对撞，如果能让对方接受自己的意见，那就是一种经验，如果能够说服别人，通过交流达成一致的合作，它就是一种财富。

面对面的说服，不但自己要有勇气与信心，也要让对方同样充满勇气与信心，才能够公平对话，平等交流。无论是解决社会矛盾，还是解决工作问题，还是进行商务洽谈，不是你说服对方，就是你被对方说服。无论哪种结果，都说明我们的工作是有效的，结果是双赢才是成功。

如何进行面对面的说服，我们要做好以下准备：

第一步：做好说服前的充分准备，充分了解对方的现状，主要有哪些问题需要解决。

第二步：使自己的情绪达到巅峰状态，表现出情真意切，诚实可信，不是忽悠人之辈。

第三步：建立信赖感。

第四步：了解对方的需求和渴望，找到问题的解决办法。

第五步：帮助分析问题，并提出自己合理化的建议。

第六步：站在对方的立场，仔细分析前因后果及利害关系，说出心里话。

第七步：不玩套路，解除互相防备与不信任心理。

第八步：增强互动，不单方强势。

第九步：努力让对方多表述，消除疑惑，解决分歧。

第十步：给点阳光，尊重彼此核心利益。

# 第二节　做好自己才能说服别人

说服别人的最好状态首先是自己要提前做好准备，知己知彼，谦虚有礼。下面我们就如何走好这十步给出进一步的解析。

第一步：做好说服前的充分准备，如充分了解对方的现状、主要有哪些问题需要解决，主要有以下八点。

（1）充分了解对方的现状。

（2）主要有哪些问题需要解决。

（3）分析问题的主要矛盾与次要矛盾。

（4）准备好几种解决问题的方法和意见。

（5）准备好相关的说辞和介绍，不要一问三不知，尊重对方也是尊重自己。

（6）对自己的能力充满自信：有过多次处理同类问题的经验和方法，成熟的心态和解决问题的能力决定你的信心度，专业知识的深度和大度的人格魅力决定你是否受对方信任、欢迎，进而决定你在对方心里的信赖度。

（7）了解对方的需求和所提条件不能满足的差距：针对问题找到调和点，并做好准备。

（8）预估可能新出现的问题范围，做出相应的预案准备：不打无准备之仗，不在同一个坑里跌落。

第二步：使自己的情绪达到巅峰状态，表现出情真意切，诚实可信，不是忽悠人之辈。

（1）情绪好不好，表现的状态就不一样，只有流露出真情实感，才能让对方觉得你诚实可信，交流起来才会轻松自然。一旦让对方觉得你只会巧言令色，可信度低，你的形象就会一落千丈；忽悠骗人的意念在对方心中一旦形成，就很难抹去。所以要说服别人，要先说服自己：你的理由是什么？别人为什么要听你的？

（2）坚持正确的心智定力与信念。定力就是看出事物的交会点，不是单方面地你说了算，能够使双方都满意的结果才是说服力的最佳选择。信念是每个人都在坚信的观念，信念产生信心和力量，是一个人内在的主宰力量，要不断地重复和加强这种成功的力量。信念是我们对事实或者必将成为事实的事物的判断、观点或看法，是对我们言而有信的诉求与将对方的事记在心里，用心想到合理的办法去解决的烙印。只坚持自己的观点，对别人的诉求不管不顾，就会丧失解决问题的诚意和机会，只单方面地考虑自己的理由站得住脚，保己利益、损害他人利益的方法都是不可取的。说服也是一种交心的过程，将心比心才能彼此心明眼亮，大家想到一起，看清问题的实质，互信互谅，成功化解矛盾。

（3）相信自己。自信心是一个人最大的资产，一个没有自信心的人是没有能力和胆量去做别人能够做成功的事业的。当你相信你自己的时候，自信心就是你最大的资产，你就是你命运的主宰，掌控自己的心灵就是掌握了自己的一切。弄清别人为什么能做到，就从相信自己能做到转化到自己真的能够做到了。发现有问题就及时纠正，就不会导致你失败。世上无事不可为，只是你是否愿意尽力去有所作为。认真使一切变得更简单，马

虎从事是草率的表现，会使一切变得越来越复杂。

（4）想象成功的画面。想象可以激发人的潜能，可以增强自我表现力和行动力，运用自我暗示的方法来增加心灵的能量。

（5）使用肢体语言创造激昂的情绪。要想使自己达到巅峰状态，必须先让自己的肢体达到巅峰状态，因为动作创造情绪。同时对自己反复地做自我确认：我是最棒的！我是最优秀的！我喜欢我自己！我一定能成功！

第三步：建立信赖感。

（1）形象印象。好的形象会给人良好的第一印象，为成功塑造自己可以准备飘逸的发型、与身材相配的服装、举止端庄的动作。

（2）礼让为先。倾听对方的需求和问题，适时做出及时的回应。

（3）问有效的问题：①问题必须对解决问题有推进作用；②问题要引发对方的思考和选择；③问题必须符合对方的实际需求和价值观。

（4）真诚地赞美对方。赞美是直接拉近与顾客关系的好方法，观察细节、真诚赞美可以让对方快速喜欢你、信赖你。

（5）不断地认同对方。肯定认同是沟通的润滑剂，可以以退为进方式让对方愿意聆听我们的意见，最后达成一致意见。

（6）模仿对方讲话的速度、语气及肢体动作，与对方同频率才能良好互动，通过视觉、听觉、感觉准确分析对方的喜好，相信通过你货真价实的服务能够得到更多好处。

（7）拥有非常专业业务知识与技能。知识的局限可能是你失去对话的基础，只有你非常专业才能使对方相信你能够做好，你的知识面越宽广，能够超越对方的知识界面，就越能谈到对方心服口服，能够让对方彻底信任并愿意建立合作关系。在你发现并重视对方的价值时，你也得到了对方的尊重，让别人了解你、理解你、认识你的过程，就是提升你在对方心目中的价值和地位的过程。

第四步：了解对方的需求和渴望，找到问题的解决办法。

（1）在与对方的沟通中，了解其需求值与渴望度，知道目前的执行能力，帮助对方设计好执行计划，不至于没有信心做下去。

（2）关心对方的事业和工作，探知对方对工作的感觉及工作状况，从中发现合作的机会。

（3）与对方聊其比较热心的问题，并及时介绍自己能够提供的服务。

第五步：帮助分析问题，并提出自己合理化的建议。

（1）树立专家的形象，体现专家的权威，通过专业技术和诊断，针对对方的问题、需求和渴望，提出解决方案。

（2）极限引导。引导人们行动的力量。①爬高，放送其最得意的风光帮其回忆快乐；②降低，指出其面临的问题；③指出与我们合作是最佳选择。

（3）适时给自己定位。用品质与价值比较的方法，介绍自己的种种优势。

第六步：站在对方的立场，仔细分析前因后果及利害关系，说出心里话。

（1）有比较才有差异，有差异才有选择，列出最大的优点，不避讳弱点。

（2）没有十全十美的产品，价值是创造出来的。分析价值与价格存

在的理由，享受高质量、高标准、高服务。

第七步：不玩套路，解除互相防备与不信任心理。

人们对不熟悉的环境与事物都是陌生的，带有偏见不奇怪。互不信任、互相防备也是情理之中的事。如何解除这种危机，取得互相信任？我们要预设问题，帮助对方认识我们、理解我们、信任我们、支持我们，敞开心扉地交流，开诚布公地交换意见，不玩套路，真心做事。巧妙发问达成共识：①探知问题探索解决方法；②谦虚请教，礼貌的建议；③肯定成就，认同成就；④赞美功绩；⑤专业意见，专家点评。

第八步：增强互动，不单方强势。

（1）多方交流，试探可能性。

（2）划分各自要承担的责任。

第九步：努力让对方多表述，消除疑惑，解决分歧。

尽量鼓励对方多发表意见，回应关切。

第十步：给点阳光，尊重彼此核心利益。

培育感情建立密切关系，尊重彼此核心利益，时常给点阳光，送点温暖。一句问候一声祝福不算什么，但在对方心里却是热情是友谊，听到熟悉的声音就会特别高兴。我们的目的是要让对方满意且信服。

# 第三节　如何让"菜鸟"也能飞起来

语言与行为能力好的人都是智商高、情商高的人，他们为人聪慧，办事果断，雷厉风行，总是身体力行地践行着自己的诺言，总是风风火火地出现在众人面前。尽管他们经验老到，办事效率高，却总是以一种谦虚诚实的心态去求学、努力工作，这就是一种让自己尽快融入环境的方法。给人的印象看起来是"菜鸟"，抱着"三人行，必有我师"的学习态度，不放过任何一次学习的机会，获得别人的指点，事后更要不忘点赞，学风要好，口德要佳。得到上级认可和重点栽培，要更努力工作来回报。

人都是感情动物，一个人为人处世怎样，时间久了大家都会知道。看在眼里，记在心里，印象深刻抹不掉。只有甘愿做"菜鸟"的人才有更多学习和提升自己的机会。半壶水响叮当满嘴跑火车的人，不懂装懂，势必处处得罪人，不知道高低还装高人，以为自己有多了不起，原来也只是麻绳穿豆腐——中看不中用。"菜鸟"不是笨，而是更聪明，知道自己要学的东西很多，哪怕自己会的，也要看看同行是怎么解决的，没有最好只有更好，不是一句口号，而是一种实践，只有追求极致，才会注重细节。

细节决定成败，成功不容许打折扣，容不得你马虎。一个人劳累不可怕，没有收获才是你最大的恐惧。在事业面前不论我们有多忙碌，都要给自己一个休闲的空间，让自己疲惫的身心得以恢复与补充能量，静下心来演绎一番成败得失，总结经验，以利再战。

借鉴别人的经验，可以使自己更快地成长。你是否能看到一个成长的自己？其实每个人都是在模糊中前进，只有那些真正认识自己能力、有无限发展空间的人，才会理解拼搏与奋斗的真实含义。要做一个强者，就要坚信自我，我就是我，谁也无法代替。在任正非眼里，成功是必然，

不看成绩，只看有没有更好的经验。

总是在安静时刻，看到自己所有的语言行为模式背后真实的自己。你有多努力，时间在检验；你有多成功，对手在验证；你有多顽强，用战斗实力来说话。循道得道，人生的道路从此会更加宽广；循道植树，树茂路远，生活中充满乐趣，伴随你渐行渐远。

# 第四节　聪明说话的语言艺术

俗话说："好言一句三冬暖，恶语伤人六月寒。"这告诉我们要学习用"爱语"结善缘，很多时候，一句同情理解的话，就能给人很大安慰，增添勇气，即使处于寒冷的冬季也感到温暖。而一句不合时宜的话，就如同一把利剑，刺伤人们脆弱的心灵，即使在夏季六月，也感到阵阵的严寒。

说话谁都会，我们生活中也从来就不缺能说会道者，但真正要把话说好就得有技巧，要说到点子上，要让人一听就明白了然。你滔滔不绝地说了半天，别人都不知道你要说些什么问题，不是听者觉悟水平低，就是你在胡说。所以我们要重视语言艺术，要练就好好说话的本能。不要话到嘴边理屈词穷，纵然理由再充分，你无法表达，再有理也无计可施干着急，哪怕别人再无理，抓住你的劣势，无理辩三分，让你吃个哑巴亏，有苦说不出。所以聪明说话的语言艺术，是我们每个人都有必要认真学习和掌握的，语言艺术是我们人际交往的美丽工具，更是我们发展自己人脉圈子的重要手段，通过语言能够加深彼此进一步了解。

心智藏在我们自己的心里，你不表达，没人知道你的深浅。对某些技术能够娓娓道来，是行家里手，这种人可以重点培养；对某些领域的看法与认识超越一般，不是专家也是能工巧匠，这种人作为朋友可以深交；对某些问题，别人看不懂或不想懂，能进行尖锐的批评与执着的评述，就证明是一个原则性强意志力坚定的人，这种人只能神交；回答问题避重就轻，含含糊糊，总是回避关键问题，就说明是一个有问题的人，并且毛病不少，属投机取巧、伪善不类之人，叛逆性强，无孔不入，这种人绝对不可以交；介绍自己很仔细，交代事务很清晰，不将别人当外人，这种人要多交，因为他们都很诚信，力所能及都会做好。

美好的语言交往艺术传递着丰富的人类社会文明。无论你学识如何、职位高低、信仰与思维能力如何，无关你财富多寡，只要你是个活着的人，就需要发展和提炼你的语言艺术。

良好的人际交往能力是每个人在社会上生存立足的需要，也是为社会做贡献的本领之首。语言艺术只是一种表达方式，有语音艺术与文字艺术两种，通过口头表达、网络媒体表达不一而论。在我们的交往活动中，往往是差异化交往比较盛行，不在一个档次，就没有在一起喝茶的机会，因为大家都没有时间浪费在对牛弹琴上。文化差异、社会角色地位差异、思想观念差异拉大了人与人之间交往的距离，即既有彼才有此。人际交往是一门大学问，在交往过程中，应该说什么、不应该说什么、以什么方式开始交谈，怎么说能达到目的而不伤害彼此，都需要我们认真对待，注意在交往过程中多倾听对方的诉求，结合实际准确地表达出自己对此事的看法与关切，不盲目表态不是没有态度，而是为了找到合

适的机会才能直言不讳。这就是聪明说话的语言艺术。

人际交往中的语言艺术说简单也简单，说难也难。说简单是因为谁都会说话，说难是因为要说出艺术水平很难。把话说好是一种境界，需要的不仅是一种聪明，更是一种智慧的体现。把话说好了，就能说到人的心坎儿里，引起共鸣。聪明说话的语言艺术往往最能打动人心，能够让语言艺术传播出你特别自信特别能干的人格魅力：跟你合作不会有错，跟你在一起有助于自己成长，听你的话绝对没有错，胜读十年书。这说明，在恰当的时机恰当的场合对恰当的人说出恰当的话，这才是我们所求的聪明说话的语言艺术。

那么如何把话说好呢？笔者在此与大家共同探讨和学习，学无止境，没有谁更高明，只有更实际、更好用才是我们的目的：

1. 言语得体

说话得体、不过分。恰如其分，恰到好处。不夸大其词，不忽视对方感受。称呼准确，赞美有方，不虚情假意，不冷嘲热讽。

2. 言语真诚

其实言语得体也是出于真诚，不管对方什么心态，首先自己先表现出自己的直率和坦诚。占尽先机直白自我，满满的诚信展现在对方面前，直抒胸臆，勾起对方的激情，让对方畅所欲言，再认真地总结对方的疑虑、担心、希望、目的，直言不讳的是怎么样就怎么说，不要说这些担心是多余的，而是要给出准确的答案，要想别人将事放进肚子里，就得给其满意的理由。

3. 说话注意礼貌

（1）正确运用语言，表达清楚、生动、准确、有感染力、逻辑性强，少用土语和方言，切忌平平淡淡、滥用辞藻、含含糊糊、干巴枯燥。

（2）语音、语调、语速要恰当，要根据谈话的内容和场合，采取相应的语音、语调和语速。

（3）讲笑话要注意对象、场合、分寸，以免笑话讲得不得体，伤害他人的自尊心。

（4）适度地称赞对方，每个人都希望别人赞美自己的优点。如果我们能够发掘对方的优点，进行赞美，对方会很乐意与我们多交往。但是赞美要适度，要有具体内容，绝不能曲意逢迎。真诚的赞美往往能获得出乎意料的效果。

4. 因人而异

见什么人说什么话，不同的人所关心的话题也有所不同。细心观察找到双方的共同语言，沟通才能水到渠成。

5. 以心换心

无论何事，你希望别人怎样待你，你也要怎样待人，人际交往是一个感情上的过程，对待他人友好或不友好的态度，都会有相应的感情反馈。将心比心，多设身处地地为他人着想，你不会吃亏，站在他人的立场想问题，关注他人的利益，你们的心才能靠近，才能谈出结果，你也会获得进步。

6. 学会使用敬辞

敬畏之心人皆有之。在人际交往中，你的言谈能否愉悦人的心情，其中一个重要因素就是能否适时、恰当地使用敬辞。所谓敬辞，即是含有恭敬口吻的用语。它既能表示你对对方的友好与尊重，又能使自己的辞色显得高雅、有礼貌。因为称呼太多容易出错，就不要这"总"那

"总"的，叫错了就真把人气坏了。不管资历如何、地位如何、年长年幼，一律敬称"老师"，既表示别人比你聪明，又不显得自己愚笨。

**7. 通俗易懂**

通，道理要说得通；俗，双方的权利和义务要清楚，都有哪些具体的实惠。奔着这个主题，谈话要贴近主题、贴近生活、贴近对象。把话说明白，听明白。交流与对话的目的就是为了能更好地办事。

**8. 巧用幽默与风趣**

幽默与风趣都是人际交往关系中的促进剂，是语言运用的最高境界。幽默是为了调和气氛放松心情，而不是制造气愤；攀风趣雅也要玩得起的人才能玩，失了风趣就会变成讽刺，让别人不爽，好事变坏事了。幽默与风趣都要谨慎使用，不会用千万不要乱用。风趣虽然能够促进人际关系的协调，但倘若运用不当，也会适得其反，破坏人际关系的平衡，激化潜在抵触情绪，没有矛盾反而制造出了矛盾。所以，风趣应文雅得体，态度应谨慎和气，不伤害对方，不失分寸，才能促使人际关系协调融洽。

**9. 学会倾听**

交流是双向的，既要主动与人沟通，又要正视对方，认真倾听，要给对方讲话的机会，让对方把话说完，不轻易打断别人说话、干扰人家的思路。要不然，就显得你自高自大，蔑视他人。不要将生活中的不良习惯带到交流中来，那样会显得你气质形象不佳。

**10. 展现积极的身体语言**

如果你轻松自然，充满自信，他人和你在一起也会感到轻松；如果你紧张不安，他们也有同样的反应。因此，走路、讲话的方式是很重要的。要有意培养自己良好姿态的意识。当你传递积极的身体信号时，他们就会不由自主地对你做出更好的反应。语言的魅力是强大的，好好说话，做一个聪明的你。

聪明说话的语言艺术从不以自己为中心，而是以让你放心、让你获利、让你获益、给你机会、给你帮助等为前提，告诉你能为你做什么，做到什么程度的服务。

一路遇到的人，唱过的歌，体验过的聚会，都是语言艺术学习回顾的华章。语言的表达能力是我们培养心智领导力的基础，所以不要轻视对语言艺术的学习和锻炼。

第八章

**心智领导力第六战：**

**执行革命——引领与跟着干**

# 第一节　零度管理与放权

　　大道简略，做简做朴。心学开启的是心的智慧，是回归本愿的初心，是直面大哉问的取舍。最朴素的道理往往最有价值，很平常的道理其实也有很重要的一面。大道简略，做简做朴本是一种境界，认识到了就会带来莫大的好处。物理的镜子能正人衣冠，思维的镜子能纠正人们错误的方向，无论是做人还是做事都会给人以指导。在当今这个复杂多变的大千世界中，我们要学会把复杂变成简单，用智慧创造"简单"，在变迁中不断地升华。放下一切并不是归零变无，而是给心智一个重新发力的机会。只有初出阴霾的阳光才能显示出光芒万丈。

　　零度，是正负温度的分界线。零度管理是企业发展的风景大门，越往上温度越高，负荷越大，成就越多。零度管理可以授权给任何团体与个人，只要你愿意合作，合作方式可以任意组合，只要有存在的价值，都会给你一个机会。

零是什么？是归属。度是什么？是衡量。在传统经济时代，零代表虚无；在知识经济时代，零代表一切。零心态是突破工业时代思维方式局限的必要条件。"零度管理"的创新理念，旨在鼓励人们抛开心中一切束缚和先入之见，勇于打破传统，超越组织界限，接受全新挑战。

零度管理，是一场跨越时空的爱，随处而生，随处而来，随处而去，操控者不见其人，不见其物，普天之下，无处不到，无所不能。

零度管理是维持平衡创造奇迹的管理革命，依靠"互联网+"，完成一系列革命，将零物质、零时间、零差距、零滞后、零管理、零障碍、零排斥、零技术等集合在一起，最大限度地降低成本，最大能量地提高效益。

（1）零物质：我们这里说的零物质不是真的没有物质，而是零库存，一切物质都在运转中，通过互联网收发自如。

（2）零时间：只要需要，随时随地展开工作，在哪里都可以办公，一切以需要为事业，迅捷服务是我们的态度。

（3）零差距：精准服务一定会成为潮流，跨境购物、远程就近就医已不再是难题，任何需求和服务之间的零差距都可以用智能化高科技来实现。

（4）零滞后：只要你敢幻想，超前思维都会帮你实现，现代科技已经在全智能化领域飞速发展，你用不用它都有被它代替的那一天到来。不要受限于你刚刚接触的知识，整个世界在你学习的每一刻都在

改变。

　　（5）零管理：零管理不是放任自流，而是充分发挥个人长处，展开全面竞争。有多少能力尽可能地使出来，有什么本事就要展现给大家看。当智能化管理成为时尚，除了你的思维变化以外，你的任何行动都可以呈现在管理者眼前，你不更努力更优秀都不行，不超越就落后，不优秀就掉队，系统会自动提示你该怎么办。只要每一个人都好起来，都能够快速成长为中坚力量，管理绩效才会越来越好。

　　（6）零障碍：归零行动就是彻底扫除一切障碍，让所有的信息都流动起来，让所有的渠道都变得畅通，将所有的工作点都布置在圆周上，飞速旋转，停留只为该出时出，该进时进。

　　（7）零排斥：接纳一切可以接纳的事物，实现与顾客、供应商、竞争者的最大化互动联合，倾其所能，达其所达。

　　（8）零技术：没有门槛，一切人才皆可为我所用，技术并不神圣，归位才有用。你能做别人所不能做的，而且正是我所需的，你就是专业人才。

　　本书所说的零度管理是正能量管理，是不满足于现状而不断追求创新革命的管理。是突破所有困难，是用人才这个大写的"1"站在无数个零的前面书写一个个传奇，只有起步，没有终点。放大你的幻想，创造你所创造，一切皆有可能，你是个人才，你人格魅力高尚，自会有大批追随者。

# 第二节　主动关心与激励

作为一个企业的管理者，知道员工的生日并能够及时地关心与问候，表面上看与企业发展没有多大关系，员工的生日是他个人的事，他过得好不好全在他自己。但如果将关心员工的生日当作是企业文化发展的人性化管理的一部分，那就很重要了。因为要培养员工成为好员工是从关心员工开始的，你的企业里好员工越多，企业发展就会越顺利，你关心了解员工的生活越多，就越容易与其相处，能够知己知彼，调动他的积极性并发挥他的全部能力为企业做贡献。企业里每一个员工都生活富裕也证明他们所在的企业福利待遇好，企业发展不好哪有能力养活自己的员工，并给予他们好的待遇？知道员工有什么困难就尽力去帮助使其无后顾之忧，让其能够以最好的心情投入最好的工作。发现其任何一个员工在工作中有不可解决或很难解决的问题，就要及时与其沟通，共同分析问题的症结所在，用合理的方式方法解决问题，不要让问题久拖不决，产生负面影响，成为工作障碍。心情好不好表现不一样。心情虽不是人生的全部，却能左右人生的全部。心情好，一切都好做，一切都会变得很美好；心情差，一切都乱套，乱得你无法想象，不该出现的事，连自己都不相信的结果都会出现。因为你心情差，所以做起事来就往往差强人意，这也做不好，那也事事不顺，不得不承认你已经输了，表面上你是输给了他人，而实际上是输给了自己的心情。心情不佳时，你还控制不住，就会演变为坏心情，遇事暴躁

不冷静，严重影响你的自控力，智力水平随之降低，不仅贬低了自己的形象，还降低了自己的能力，搅乱了自己的思维，影响了自己的信心，一旦你自己都失去了信心，做事就难免会失偏颇。

人，最怕的是不知足。一旦有了极强的贪欲，就会迷失在纸醉金迷中不能自拔，因为你人生最重要的心智迷失，你的人生注定要成为悲剧。如果是无休止的贪欲膨胀，最后将会一无所有。人简单，事就简单；事简单，生活就简单，简单生活才能幸福生活。谁人不贪婪？可以说没有，每个人都有贪婪的一面，但贪婪要有度有规矩，不要游离于法规法纪之外，那样你迟早会成为罪犯，最终为贪婪而失去自由。

多一点知足，就是知道自己要走正确的道路，欲望不是完全没有，没有欲望就没有追求，名和利都是我们无法回避的，只要我们分清是非，正确认识，不沽名钓誉，多做成人达己的好事，幸福就一定会常常伴随着自己。所以爱员工就从关心员工做起，陪他们学习，与他们共同生活，一起快乐地工作，享受工作成就带给每一个员工的幸福快乐。现代人都不傻，你要别人办事认真，就要有奖有惩。科学的奖励机制与激励方法要透明化地适用于每个人，而不是照顾某个人。可以根据公司实际盈利需求设计合理的等位激励机制，有效地提升营业额、提升业绩，你不努力就将自己限制在某个区域里，只有突破现状，你才能得到更好的待遇与奖励。在此分享笔者设计的一套激励方法。

**激励使用方法：**

（1）计算出几个月的平均营业额，为基数。比如常规业绩是 50 万元。

（2）算出毛利率。例如 40%。

（3）拿多少来分。比如拿出毛利润的 50% 来分给员工。

（4）如果做了 80 万元，就是 80 万元－50 万元＝30 万元（以此类推，超额完成任务均有不错的奖励，就是给每个人发展的机会，员工能拿到的奖励越多，单位的收益更好。明白这个道理，就不要吝啬奖励。因为奖励是一把"双刃剑"，用得好，同行间有比较，不要看到员工拿得多了，就寻思怎么去截留怎么克扣，那就是坏了良心。如果奖励不够真实大家都心知肚明，没人会傻到不明白，员工跳槽是自然的，被投诉更是不可能少，赔了钱还丢失了人才，这种做法就是将自己往死里推，任何企业都不能这么干）。用超出部分即 30 万元毛利润的 40% 的一半来奖励员工，就是 30 万元×40%×50%，也就是 6 万元来奖励员工。

（5）给员工按营业额的比例分。一定要算出营业额的比例，比如 6 万元÷30 万元＝20%，即超出部分的 20% 分给员工。

**操作细节：**

（1）讲好拿出超额部分的营业额的百分之多少来奖励，不要用利润，员工算不出利润，要让员工随时能算出自己赚了多少钱，这样才有动力。

（2）如何分要提前讲好，可以按员工业绩占比来分，可以按工资的加权平均来分。多劳多分，要和公司的利益挂钩，给公司创造的价值多，就要多分。

（3）周期越短越好，可以按天分，也可以按周分、按月分。

（4）不能拿得太少，太少了员工没有动力。

（5）颁奖金要隆重，全体员工拍照，互相分享，一定不能少。

（6）一定要发现金。

**适用范围：**

（1）所有的业务类企业都可以用。

（2）所有门店类企业也都可以用，餐饮、服装、美业、汽修、培训机构等。

**方法优点：**

（1）如果没有提升营业额，一分钱的成本都没有——零成本增加利润。提升了营业额，成本还是没有变，利润却越变越大。

（2）可以增加员工的收入，员工的收入高了，自然会选择继续干，只有利益均沾，才能留住员工的心，只有充分调动人才的积极性，企业发展才能所向披靡，无往不胜。

（3）提升员工积极性。

（4）关心到位，关系就融洽，利益输送到位，理性化管理可以彻底解放自己，成为会管理的老板不难。

（5）可以改变员工心态，将"我为老板打工"变成"老板为我打工"，人人为老板，老板为人人，彼此为利而互动，为得益而相互勉励。

# 第三节　借位管理与借力

司马懿曾经说过：智者务其实，愚者争其名。从中我们可以得出这样的感悟：其实真正的敌人是我们自己，因为自己软弱，才会遇到不可战胜的困难，因为自己不勇敢，才会遇到事情就会趴下，因为自己这也怕那也怕，才会什么都不敢做，才会一事无成。

觉醒是长期自律的配合。太多的人话长行动短，找借口说理由是能手，失败与不成功时时在常常有，我们的原则是：要么你立马闭嘴，要么悄悄走人，你做不好还影响别人，留你何用？

要发现真正的错误在哪里。员工不努力，效益低下，绝对是管理问题，管理不到位，所用人财物都是浪费。开除员工不是办法，因为错误的源头不在员工，而是管理者能力不够，思想觉悟不高。我们最重要的是要解决掉管理层问题，不然换多少员工也无济于事。正如董明珠说的：如果要开除 10 个不合格员工，那么一定要先开除他们背后不合格的经理。"兵熊熊一个，将熊熊一窝"，一支足球队的成绩糟糕通常要追究的首先是足球队总教练的责任，一家公司业绩不好追究的应该是总经理的责任，而一个团队的绩效水平不佳那么首先追究的应是部门经理的责任。为什么中国女排在郎平教练指导的时候能打进世界强队行列，甚至屡屡夺得冠军？因为领导有方，管理得力。用对人放对位置，能够将每个成员的能力发挥到最佳状态，使团队的综合能力空前提升，优势互补，攻防结合，无懈可击，战力无穷，奠定必胜的基础。


# 第四节  用错人放错位置，就别指望他能出好成绩


一个合格的管理者，不但要自己能力强，还要具备综合管理素质，德才兼备，担得起责谋配其位。要从这些方面评判：沟通能力如何？协调能力是否均衡到位？规划与整合能力几何？决策与执行能力是否高明与果断？培训与造血能力是否成熟？统筹与驾驭能力能否担当大任？

（1）沟通能力越来越好的技巧在于能否得到下属的认同，下属的认同感、理解程度及共鸣越好，得到与其所有接触人员的认知与评价越高，则优劣自明。领导看在眼里，团队记在心里，业绩在无声无息地证明。

（2）协调能力是体现管理者要具备的敏锐觉察力和周到的办事能力。该说的要说到位，广而告之，让每个人都知道；要做的更要做得漂亮，处处起带头作用，发现问题要及时解决，遇到矛盾要及时排解，发现不良情绪要仔细疏通、建立健康的心态，能用对话解决的就充分给予对方机会，免去制度的惩罚与处理，无情未必就能管理好。有理走遍天下，无理寸步难行。相信每个人都是讲道理的，无理取闹的人毕竟是少之又少，当局者迷旁观者清，是非对错摆出来分析清楚，找到大家都认可的解决方法，动之以情，用事实教育人，化有为无，彼此谅解，以妥善、有效的策略化解冲突。只要把握消除矛盾的先发权和主动权，任何形式的对立都能迎刃而解。

（3）规划与整合能力是管理者管好企业的有力保证。规划不好整合能力不强企业会是一盘散沙，抓不住握不牢。规划能力，并非着眼于短期的策略规划，而是长期计划的制定。换言之，卓越的管理者必须深谋远虑，不能目光短浅，只看得见现在而看不到未来，而且要适时让员工了解公司的远景，才不会让员工迷失方向。特别是进行决策规划时，更要能妥善运用整合能力，精心分析，科学计划，有效地利用部属的智慧与既有的资源，避免人力浪费。

（4）决策与执行能力。决策是一种决定的最高策略，是参考民主意见集合大家意志的最后体现，所以决策者必须进行有效的科学分析，才能做出科学决策，提高执行力。尊重集体决策也好，管理者自己按照常规独立决策也罢，一定要秉持公心、实事求是，坚持原则，杜绝徇私舞弊，让每个人都心知肚明，配合执行。决策要高明，执行力要果断，不拖泥带水。分派工作、人力协调、化解员工纷争等，这往往都考验着管理者的决断能力，同时也考验着管理者的素质和品德。德不配位再有才也没人敢用，因为无德之人是不讲原则的，总是把不想自己吃亏放在第一位，顽固不化，从不认为自己有错，有利可图，当官会贪污腐败，做"工"会捣乱破坏。

（5）培训与造血能力是管理者提升团队战斗力与团队活力的重要保障。每个管理者都渴望拥有一个实力坚强的工作团队，因此，培养优秀人才也就成为管理者的重要任务。培养和储备各级人才是一项长期的工作任务，没有人才一切都为零。发现人才、培养人才、挖掘人才潜力是企业保持旺盛发展力的重要途径，管理者必须具备成熟的培训与造血能力。

（6）统筹与驾驭能力是通盘筹划全员管理的具体能力。领袖的智慧不是去建立一个企业，他要做的是建立一个服务组织来建立企业、管理企业。当建立起来的企业进入健康的发展轨道后，可以根据需要进行有限或无限地复制出企业。当一个管理者的先决条件，就是要有能力建立团队，才能进一步建构企业。但无论管理者的角色再怎么复杂多变，赢得员工的信任都是首要的条件。

综上所述，我们一定要注重基层干部的综合素质培养，想要管理好一支团队必须要先消灭有负能量的经理。

# 第五节　管理革命也是人性革命

看见别人有错，就要热情相帮，不要冷眼旁观，更不要落井下石，帮助别人才能体现你的善良和良知；看见别人伤心，就要和言细语去安慰，感同身受才能引起共鸣，增强其克服心理障碍的抵抗力，千万不要火上浇油，幸灾乐祸给其增添烦恼与进一步的创伤；看见别人有难，要有患难与共的精神携手援助，分担困难与痛苦，一起攻坚克难，助其脱离苦海。今天你助人一臂之力，明天他必涌泉相报，患难见真情就是这么奇妙。

抬头看天是一种方向，低头看路是一种清醒，抬头做事是一种勇气，低头做人是一种底气，这世上，没有谁活得比谁容易，只是有人在冲锋陷阵，有人在静默坚守。生活，不在于得失，要的是一种质量；生命，不在于长短，活的是一种无憾。管理革命就是要将这一切小事都处理好，有错就纠正，耐心说服教育，做事多才会有错误产生的机会，发现和纠正错误更多的是让其得到锻炼与成长；见人伤心就带他去做能使他快乐的事，避免再次受到伤害；见人有难，要看他平时的为人处世心态，能否扛得住靠得住。能明帮就明帮，或者用更巧妙的办法隐蔽地帮，让其化险为夷。

# 第六节　心智领导力管理就是从心管理开始

一个好的心智领导力管理者就是从心管理开始，于细处见真知，时时真情实意，处处智慧过人，让人信服才会受人尊敬。

1. 不主动承担责任的管理者宁可不重用或者不用

不主动承担责任的管理者自身都存在问题，我们又何必让他继续留在岗位上呢？一个自己都会避重就轻、投机取巧的人，又如何能以身作则设身处地搞好工作，管理出一个好的团队？他所管理下的员工更不会有高度的责任感。"近朱者赤，近墨者黑"这话就是专对这种人说的。一些成长型公司总是存在部门与部门之间互相推诿责任的现象，在会议上总把问题推到其他部门身上，问题也就难以迅速解决了。所以，一旦发现这种人就要及时清理，让能力强有担当的人来管理。

2. 没有责任心的人是难以被重用的

企业做大做强，最重要的依靠有两个，一个是制度的延续性，另一个是人才的培养。特别是现在"90后""95后"已经成为社会的主流，管理者要对他们负责任，让他们快速成长起来，要培养一批优秀的、有责任感的年轻人做企业的接班人。

李嘉诚一辈子都坚持认为衡量一个管理干部最基本的条件就是要有责任担当。他拿自己小时候的一件事举例：在他还是学徒时，他不小心把一块钟表弄坏了，他马上向他的师父承认错误，而师父在向东家汇报这件事

时却没有说是李嘉诚的问题，反而说是他自己的责任。李嘉诚十分感激师父，师父对他说："师父和徒弟最大的区别是要负责任。"他深受启发并以此作为自己的一个理念，践行在毕生的事业当中。因此在他创造自己的商业帝国后，将责任担当要求在各级管理干部身上，没有责任心的人是难以被重用的。千万不要小看这责任担当，不敢担责任，遇到困难就会退缩。

3. 任用懂得及时发现员工的价值和贡献并进行激励的管理者

在现实生活中，很多管理者不懂得及时激励员工，不能及时发现员工的价值，也不善于赞美员工，就会有懒散磨洋工的现象，时间一长就会出现不可调和的矛盾。管理的本质就是激发人向善的力量。要管好人，管理者就要自己先做好人，素质高、觉悟高、品德高，处处为人表率。

美国 IBM 公司的所有管理干部都必须学习如何赞美别人的课程。这样做的目的，就是要让每个人都学会鼓舞人心的技巧，让其深入人心，能够互相激励也要互相感谢。美国前国务卿希拉里小时候在街上看到一个穿着比较邋遢的人便指着说："这人衣服好脏。"这时候她的母亲对她说："欣赏别人是一种能力，你看到他的衣服很脏却没有看到他脸上的笑容是多么温暖。"劳动者光荣，他在醉心于劳动中时，又岂会管衣服有多脏？只有洋溢在他脸上的笑容证明他工作干得很漂亮。真正的劳动者都懂得乐在其中乐得其所。来不及换衣服在路上充满阳光的笑脸，就是他们的每一天，那是他们的快乐。

同样，及时赞美和发现员工的价值在职场上是十分重要的，一些冷漠的领导认为员工工作做得好是应该的，不需要去赞美他们，但是如果没有赞美这样的过程，员工认为干好干坏一个样就会消极处事，渐渐失去热情。管理者的影响力下降，团队就会缺乏朝气，团队的绩效可能会下降，员工的动力会受到影响。不够优秀的领导者通常是盯着员工的错误，进行破坏性的批评，但优秀的领导者却懂得怎么及时发现员工的价值和贡献并进行激励。员工的工作能得到领导的认可与表扬，内心会很感动，就会更加积极努力地工作，这样团队绩效就会不断提高，一个连对员工表现好说句赞美的话都吝啬的人是当不好管理者的，出现这种现象，管理者的上级也有责任，下属的毛病没有发现不仅是一句失职就可以略过的，建立问职问责机制，团队管理到位就水到渠成。

4. 贤能就是不腐败和铺张浪费

作为公司管理者，赚钱再多也经不起铺张浪费，更不容许腐败滋生。我们的管理者不但要会管理，还要当"贤内助"，反对贪污腐败与铺张浪费，厉行节约。在产出不变的情况下，还能降低成本，减少消耗，提高质量，这种科技革命带来的直接利润非常重要，是任何企业都要高度重视的。董明珠说，有些人作为管理者在公司花钱毫无节制，他们会认为钱既然不是自己的那么也就不用那么节省了。优秀的管理干部懂得合理使用公司预算甚至为公司节约成本，不该花钱的地方尽量不花，能节约的尽量节省。将企业当家，有浪费一滴水都心痛的感觉，才是一个好的管理者。有的企业为了保持和发扬这种优良传统和作风，规定一个团队节约多少资金就奖励多少给团队，极大地提升了团队的业绩和创新能力。表面看节约的经费发出去了，企业没有得到利益。其实由于奖励到位，团队的工作效率大大提升，效益在成本不变的情况下获得前所未有的提升，创新技术带来生产时间更短、产品质量更好、投放市场性价比更高，这就是给企业带来的利益。

曾有一位企业家说过："一家公司兴旺与否是和公司是否勤俭有关系。"勤俭的公司蒸蒸日上；反之，骄奢的公司会逐渐堕落，所以克服浪

费的习惯对一家公司是十分重要的。腐败既指一些管理干部利用自身职务的便利收取不正当的利益，也指领导干部在制度上要求员工做事情但自己却不以身作则，严以对人，以宽待己。虽然领导干部这样做没有使得公司利益受损，但却是一种给自己特权的不良现象。因此，我们对待这种情况的建议就是：发现有腐败的人要及时进行处理，清理出团队，保持团队干净。而骄傲自满的人总会认为自己永远是对的，他们不会听取别人的意见，通常是故步自封，不与时俱进。对于这种人，我们的态度是回炉锻造，磨其锐气，进行综合能力管理培训，合格则重新上岗，不合格则下岗。骄傲自满的管理者会在自己职业生涯到达一定高度时遇上瓶颈，如果不及时改变那么只能到此为止。这几类人不仅影响管理干部自身成长，而且也会影响整个团队。公司与其开除十个员工，不如开除一个这样的部门经理。

# 第七节　巧用借位管理增力增效

什么是借位？在数学里，借位是减法，在经济改革中，借位是加法，是嫁接名人名址名物等地位、名誉、名气与影响力给自己，产生轰动效应，给自己增值。在我们的许多营销管理中不乏诸多成功案例。如何借位管理？可能管理者都不陌生，甚至都亲自操作过。借位管理就是进行资源的有效整合，实施强有力管理的借助行为。强强联合也好，以弱胜强、以小博大也罢，监管、兼并等都是借力打力，借势借物借力成就自己，借出一番天地。

我们经常看到傍名人、傍名牌、傍影响力等都是借位。如何借助可以利用的力量成就自己，就要从"借"字上做文章，借资源、借渠道、借名气、借地位、借趋势、借政策影响力。

社会上各种资源很多，取不尽用不完，就是看谁能借得到用得好。只要我们能够最大限度和巧妙地利用了社会资源，所有的资源都可以为我们所用，无限增值都会在我们掌控中。通过社会资源的不断增值从而让企业发展长盛不衰，就实现了借位管理的最大值。你如何找到"借"的基础和借的"理由"最终借位成功呢？

首先，你要确定借位目标与借位技巧，以极小的代价借位成功，委托他人代工，授权他人营销，由逐步监管到全部代位监管，直至借位成功，取而代之，完成兼并之路。

其次，对自己实力能力自信，对目标进行全面的调研和评估，制定整合管理与营销策略，乘势而上。

借位有很多方法，综合而言，包括以下几种方式：

1. 借梦借目标，勾起别人的欲望

梦想不够大，行动力则不够强。在家里，父母是孩子的榜样，在学校，老师是学生的导师。你需要的是描述十全十美画面的能力。让他们看到别人的能力，他们才会有梦想，才会有动力，才会想到自己要成为一个像别人一样有成就的人。别人成功的画面已经在他们脑海里深深地扎了根，受那些画面在影响，使他们努力去实现梦想，初生牛犊不怕虎，敢闯敢干勇于实践，往往都能干成，最终有志者事竟成。

假设你希望小孩长大以后成为一名钢琴家，不是给他报一个钢琴班，

也不是给小孩送一台钢琴，而是带他去看一场钢琴演奏会，当钢琴演奏会结束，全程起立鼓掌一分钟，这个画面马上印入了孩子的大脑当中，他说：我以后想当一名钢琴家，这时你再送他一台钢琴，小孩会感谢你一辈子。与其强迫他去做他不愿意做的事，不如带他去见识，让他从心底里产生希望的种子，最终结出胜利的果实，这就是我们常讲的，成功是引导不是误导。

2. 借渠道借名

人们都知道做实业不容易，一个做产品的企业，渠道非常重要，将产品塑造成知名品牌不易，通过一个知名产品建立起的大渠道可以为企业的其他产品提供整合营销，产生附带影响传动力，那么为了让这个渠道发挥更大的作用，就可以推出多品牌的产品。比如隆力奇等知名日用品生产商，旗下系列产品同时进入人们的视野与消费领域：六神花露水，洗衣液、洗发膏，防晒霜、牙膏等借助隆力奇的销售渠道建立了庞大的市场网络，通过这个渠道进行联网销售，降低了重复建设渠道的成本。董明珠是格力电器的品牌建设者，她因格力而出名，而她用自己的名气给自己的产品代言，从相信她的人品到信任格力的科技发展后劲有力。可见借渠道借名气是一个可以多方获利的方法。

3. 借资源借势

在目前的市场竞争中要想立于不败之地，就要不断获得发展机会，企业家需要有灵敏的嗅觉和独到的眼光，凭借敏捷的反应，借好资源借好势，合理利用自己有形资产和无形资源，认真分析合作伙伴、竞争对手、关系客户和远期客户的资源状况，从他们身上巧妙地借到可供自己使用的资源，互相拆借，优势互补，使资源的价值发挥到最大化。单个企业的力量是微不足道的，那些成功的企业就是非常合理和巧妙地借用了广泛的社会资源，成就了自己事业。

在这个讲究品牌认知的时代，"借名"而立是借位方法中最为常见的一种。常见的是借政府机构的公知力、借媒体的传播力、借名人的名气与地位，扩大自己的影响力，巧妙地利用各种借法宣传自己知名度，使自己获得成功。

第九章

# 心智领导力终极之战：
# 生涯规划——摘取彼岸花

# 第一节　生涯规划

　　自己的人生自己做主，做一个好的职业规划，开启美好的智慧人生之旅。那么该如何规划自己？

　　生涯规划其实就是一种积极的人生态度，是每个人对自己职业生涯乃至人生进行持续且系统的计划的过程。一个完整的职业规划由职业定位、目标设定和通道设计三个要素构成。

　　生涯规划也是对自己的兴趣、爱好、能力、特点进行综合分析与权衡，结合时代特点，根据自己的职业倾向，确定最佳的职业奋斗目标，并为实现这一目标做出行之有效的安排。生涯规划并不是一个单纯的概念，它和个体所处的家庭、组织以及社会存在密切的关系。随着个体价值观、家庭环境、工作环境和社会环境的变化，每个人的职业期望都有或大或小的变化，因此它又是一个动态变化的过程。

进入新时代，科学技术高速发展，海量信息来袭，知识门类激增，大量的边缘学科涌现，知识更新周期不断缩短，信息化特征明显。一个更注重开发人类自身的资源、潜力与价值的时代已经来临。你是做朝九晚五的直线性工作，还是放弃所有，自谋创业，另辟蹊径走一条自己的路？

在大众创业、万众创新精神引领下，我们能否闯出自己的一番天地？是骡子是马，放出来跑一跑，就知道实力，看看什么是距离。无论是坚持做一贯性的工作，还是自己当老板，都要秉持认真负责的创业精神、创新精神、团队合作精神，对事业负责，努力工作，继续奋进。创新精神往小了说是一个人改变落后状况的革新力量，往大了说是一个国家和民族发展的不竭动力，也是一个现代人应该具备的素质。只有具有创新精神，才能在未来的发展中不断开辟新天地。

同时，在任何企业任何团队里，都要具备团队精神，才能更好地施展个人才华，实现自身价值；才能更好地发挥团队的创造力，将个人进步与团队进步紧紧结合在一起，形成文明和谐、团结高效的有生力量，形成一个能够攻坚克难的战斗集体，为推动社会发展和进步而努力学习，奋斗不止。

生涯规划更像是一种历练自身的生活方式，既能指引我们前进的方向，又能促进我们认真地走好每一步。因为这是自己选择的道路，要走到终点，要实现宏伟目标，可能会面临许多困难与挑战，我们只有用智慧武装自己的头脑，去克服工作中的困难，解决工作中不断涌现的新问题，才能改变我们生存的环境和发展的速度，提高生活的质量。一样的规划与目

标，因个人能力与努力程度不同，得到的进步就不一样，要使自己得到更大更好的发展空间，更好地实现自身价值，就要有虚怀若谷的胸怀与气度，丰富我们的经历，充实我们的精神生活，不断提高生活品质。终身学习既是个人可持续发展的要求，也是社会发展的必然要求。人才已成为当代科技进步与经济社会发展的最重要资源。

具有一定的知识或技能，进行创造性劳动，为我国做出积极贡献的人，都是人才。人才是多层次的、多方面的，国家的建设需要各种人才。我们无论从事何种职业，只要尽心尽力，努力将手头事、身边事、工作事统统都做好，就是一个有才能的人，是一个大受欢迎的人，一个大有作为的人。

生涯规划也是针对个人职业选择从主观和客观因素进行分析和测定，确定个人的奋斗目标并努力实现这一目标的过程。换句话说，职业生涯规划要求根据自身的兴趣、特点，将自己定位在一个最能发挥自己长处的位置，选择最适合自己能力的事业。职业定位是决定职业生涯成败的最关键一步，同时也是职业生涯规划的起点。生涯规划的好坏必将影响整个生命历程。我们常常提到的成功与失败，不过是所设定目标的实现与否，目标是决定成败的关键。个体的人生目标是多样的，如生活质量目标、职业发展目标、事业奋斗目标、对外界影响力目标、人际环境等社会目标，整个目标体系中的各因子之间相互交织影响，而职业发展目标在整个目标体系中居于中心位置，这个目标的实现与否，直接引起成就与挫折、愉快与不愉快的不同感受，影响着生命的质量。

社会在进步变革，人们应该善于把握社会发展脉搏，进行社会大环境的分析。同时，个人处于社会庞杂环境中，不可避免地要与各种人打交道，因而分析人际关系状况就显得尤为必要。主要应做到以下几点：

（1）评估与认清自己：设定一个标准的我，我能做什么？发展方向是什么？自己进行多次深刻的反思，对自己的优点和缺点，有一个比较清醒的认识，客观实际地一一列出来。

（2）"我能干什么"是对能干的事进行分类，"我想干什么"是对自己职业发展的一个心理趋向的检查。每个人在不同阶段的兴趣和目标并不完全一致，有时甚至是完全对立的。但随着年龄和经历的增长而逐渐固定，并最终锁定自己的终身理想。

（3）思考这几个问题：我最能干什么？最想干什么事而之前又没有干过？自己的发展能力与潜力优势主要表现在哪些方面？自己的能力与定位是否匹配？一个人职业发展空间的大小取决于自己的潜力，对于一个人潜力的了解应该从几个方面着手去认识，如对事的兴趣、做事的韧力、临事的判断力以及知识结构是否全面、是否及时更新等。

（4）熟练掌握环境变化，进一步分析主、客观因素对自己目标定位的影响，主动收集本地的各种环境状态变化，比如经济发展、人事政策、企业制度、职业空间、与自己规划相同人才面前的发展状况与成功案例等。主观方面包括同学关系、朋友关系、同事关系、领导态度、亲戚关系等，进行综合分析与对比，给正确定位提供参考。有时我们在进行职业选择时常常忽视主观方面的东西，没有将一切有利于自己发展的因素调动起来，从而影响了自己的职业切入点。所谓的专业对口是指相对于科学研究行业，要创业只要看准机会，能够从中发现并创造财富，你就是成功者。没有说名校毕业的就不能去当杀猪匠不能操刀卖肉，数学、物理、化学博士就只能去当科学家一辈子搞科研不能从政。所以不要过于强调本质需求，

放弃有所不同但同样适合自己的工作，从而错过机会。

# 第二节　人生目标

人生目标是人一生的大计，如果不准备走从政的道路，那么经商赚取足够的财富就是每个人的创业就业目标。

学有所成是基础，知识通用于所有行业，只要抓住每一个学习的机会，结合实践认真地学，踏实地干，就没有做不好做不到的事。通过对比分析给自己重新描画一个理想蓝图，找到对实现有关职业目标有利和不利的条件，列出不利条件最少的、自己想做而且又能够做的职业目标，并试着拼凑组装一个全新的自己，从不断学习、努力实践做起，完成每一个小计划，最终达到理想生涯目标。

一条道走到底的职业在现代社会逐渐变少。所以我们根据个人需要和现实发展变化，不断调整职业发展目标与计划，走出一条自己的路。

计划永远赶不上变化，这不是针对哪一个人，而是随时在遏制着我们每一个人。为了避免少受影响就要对自己碰到的问题和环境及时做出反应，需要及时调整我们的步伐与措施。

没有好的执行措施，再好的发展规划有时都是形同虚设。其实每个人都明白：再美好的理想，没有行动的能力去实践，将永远是空想假想。

人生成功的秘密在于机会来临时，你已经准备好了。机遇对于任何人来说都是平等的，千万别在机遇面前说抱歉。

要如何落实规划？制订好一系列的职业发展规划后，如何将其最终落实，是每个规划制订者所必须考虑并面对的一个问题。做一个好的计划若没有实际实施的细则，就无法保证计划顺利进行。应对职场纷繁信息和变动选择的成功法则就是必须建立有效的信息整理、分析和筛选系统，再结合自身竞争力合理规划职业生涯，这样才能在职业发展过程中凭借良好的职场敏感度提前铺好路做好事，做一个靠谱的人，到达职业成功的彼岸。

我们要做的就是以既有的成就为基础，确立人生的方向，制定奋斗的策略；突破现实的局限，塑造清新充实的自我；准确评价个人特点和强项；评估个人目标和现状的差距，准确定位职业方向；重新认识自身的价值并使其增值；发现新的职业机遇；增强职业竞争力；将个人、事业和家庭联系起来，善于做事，更要在热心于事业的过程中爱家。沈炯在《独酌谣》中说："生涯本漫漫，神理暂超超。"人生的道路本来就是漫漫长路，不必在意一时某事的失误，只要我们坚持奋斗到底的精神去追求我们的理想，去突破去创新去超越，才是我们要保持的正常心态。

精致的人生，不在于如何规划，而在于如何奋斗。人活着不光是为了穿衣吃饭，更多的是来到人世间有许多责任和义务，上对得起天，对得起生养自己的父母，下对得起脚下这片土地，要造福儿女。父母给了你身体，社会成就了你不断增长的智慧与能力，就是为了解决你遇到的所有问题和困难，这就是你存在的价值，这就是生命的意义，也是生命的内容。懦弱将使你怯场，胆小会使你怕事，纵然如此你也千万不要逃避，因为逃避不是办法，躲过一时逃过一事，更多的困难会压向你，我们唯有知难而上才是解决问题的最好手段。做事不要有太多的顾虑，顾虑多，处事时往

往就难以做决定，就会犹豫不决，不是我们不能做，而是有各种担心后就不敢做，生怕自己做得不好会将事情做得更糟糕。千事万事都是自己的事，人生要前进，所有的事还得自己拿主意。

我们都明白一个道理：没规划的人生叫拼图，因为没有明确的目标，所以东奔西突征战无数，始终没有大的成就；有规划的人生叫蓝图，只有认清方向才能掌握形势，用有效的工作去突破界限，成功实施颜色革命，最终实现蓝图；没目标的人生叫流浪，表面看随性自由，因为没有立足的地方，就注定一辈子很凄凉；有目标的人生叫航行，因为找到了人生的目标，就会看到自己的希望，就会一直努力去实现它，越有信心，就会越有能力，越会成功达到希望的终点。当你人生规划还没有设定准确的路标的时候，你一样要前进，边走边拼写不一样的蓝图，尽管花样百出，也一样会有精彩。在没有目标的人生路上流浪也能欣赏不一样的风光，将别人的影子当作风向标，向前去追，也不失追逐的乐趣。每天给自己一点时间沉淀，当你可以直面自己身体里与生俱来的笨拙与孤独，你便能够彻底谅解过去的自己。走吧，邀请一个知己与你一路同行，也许你的未来就不会孤独。

# 第三节　选择很重要，努力当坚持

选择很重要，努力当坚持。蜂蜜很甜缘于蜜蜂辛勤的劳作。蜜蜂忙碌一天，人见人爱，你能像蜜蜂一样忙碌，我们都会为你点赞；蚊子以叮咬人吸人血为生，本领再强也是祸害人，所以大家都讨厌蚊子。蚊子整日奔波，却人人喊打。你的企业如果如同蚊子一样只知道吸人血，终将被人们所不齿，他人都会支持将你的企业灭亡。这就是要告诉大家：多么忙不重要，忙什么才重要。做得好不好，选择很重要，一次重要的抉择胜过千百次的努力。

只要肯努力，人人都能创造奇迹。弄懂为什么，才能做得对。定好一个点可以画出无数的圆。圆规为什么可以画圆？因为脚在走，心不变。常忙身外事，定能惊醒梦中人。你为什么不能圆梦？因为心不定，脚不动。要圆心中梦就要勇敢去行动。奇迹，还有个名字叫努力。

图片来源：笔者手绘。

人生很美好，理想更崇高。事业多美梦，就看你有多大能力去用实际行动实现现实中的梦。理想很丰满，现实很残酷。人与人之间的差异，其实很简单：你在赖床，他在锻炼，你越懒越胖越不适应锻炼，最终连健康都丢掉了，又谈何风风火火过一生？你在应付工作，他在用心工作，你累

了倦了趴下了，别人却越干劲头越足，带着成功的喜悦冲刺着人生的一个个高峰，那是多么丰富多么豪迈的人生。

人生哲理从来就这么简单：生活的抉择，要有智慧。俗话说：富不学，富不长；穷不学，穷不尽。口袋不充实说明你还不富裕，还在穷人的队伍里辛苦地赚钱。要想改变口袋，先要改变脑袋。穷则思变，不是只要简单的变化。你的劳动只能赚一日三餐又怎能富起来？要学会一日能赚八斗米十担粮，才走上了富裕的道路。能者多劳，只是勤劳者的本质，一个人最大的潜力是什么？是学习，你学习和掌握的知识越多，会的技能越多，干什么都得心应手，学会别人如何能当好大老板，你也就能创业成功赚大钱。没有什么不可能，只有你学问少才成功少，能力不够证明智力太浅，先有想法才有办法才有步伐。从心底里想改变，你的心智才能崛起，一个奋斗的人生绝对是心智领导力发挥指导得最好的人生。

心中明智，眼中如有神，才能看事物精准，做起来事半功倍。观山游水不只是为了寻找美丽，更多的是放松心情，放飞梦想。一路踩着前人的足迹探索古人的智慧，为了少走弯路、不走错路，知道每一处的历史典故，就得有导游引路，听他娓娓道来，旅游有导游你才不虚此行。可见旅游需要导游，人生也需要导师。人生路少了知识就如同盲人骑瞎马跌跌撞撞很难走通一条路，要知识多就得多读书，多读好书。

有人说：读万卷书，不如行万里路。这说明实践很重要，你读懂了书中奥义，总结出来智慧经验，就要用于实践，在实践中活学活用，才能将命运掌握在自己的手中，你的人生路才能遇水架桥，逢山开路，所到之处都有质的飞跃。也有人说：行万里路，不如阅人无数。这话不假，没有金刚钻揽不了瓷器活。跟能人学技巧，跟智者提升智力，见的人多了就会发现他们的长处，懂得用别人的先进经验成就自己。笔者认为：阅人无数，不如名师指路，在名师指路下会百尺竿头更进一步。不要错过与强者为伍，学做强人，跟随成功者的脚步跑赢自己的人生路。我们只有不断地学习，才能提高我们的才智，即使经验再丰富，也需要名师指路，当事者迷，旁观者清。名师的话不一定是名言，但往往能够一语中的，让你明白许多大道理，大彻大悟。吸取成功者的经验，加上自己的智慧，做一个超越成功者的智者，成就一个不一样的自己。

不到沙漠里走一走，你不知道还有比沙尘暴更猛烈的沙漠暴，干裂的风夹杂着走石的能量，顷刻间卷起万堆沙，眨眼时移山填海、掩埋一切。一个人一支团队，在沙漠里走路都会留下深深的脚步，但很快又会被风沙淹没，好像从来就没有人走过。面对毁灭，一切事物都显得不足为奇。唯有存在，一切生命才有意义。要存在就要交往与交流，就有机会取得一致的合作意见。

图片来源：笔者手绘。

德国著名哲学家叔本华说过："社交聚会要求人们做出牺牲，而一个人越具备独特的个性，就越难做出这样的牺牲。在独处的时候，一个可怜虫会感受到自己的全部可怜之处，而一个具有丰富思想的人只会感觉到自己丰富的思想。"这就告诉我们：被谁消耗，被谁提醒，与谁就是同类。决定与谁同行，是关于智慧的选择。那些总是会使你消耗而无成长的人和事，不如拱手相忘于江湖。

天地之大，不足于装心田一亩三分。所谓缘者，正是一路走来的相互支持与鼓励者。阳明龙口，姜公垂钓，诸葛茅庐，曾公冰鉴，哪一个不是拒绝烦扰，潜心修为而高远？纣王喧哗，西汉鼎酒，吴王隋帝，哪个不是浮躁丧其心志？

孤单是一个成熟者不说的成长符号。智慧与千卷书独自无言同行。静定中，与天地开阔的智慧连接。阳明至此当何如？仲尼至此当如何？老庄至此欲何为？任凭繁星千秋月，当执圣贤墨当酒。壮志未酬，你还需继续前行。

# 第四节　不怕能力大，尽可能超越自己的职位

面对诸多纷扰乱心，心绪依然要宁静，保持本性；面临诸多破事陡然气愤填胸，闭上眼睛冷静地想一想，平复心境，使情绪渐渐稳定，你才能不至酿成灾祸，若一念之间铸成大错，待到清醒时悔之晚矣。因为计较一句不知轻重的话而大打出手，一方成为多嘴的亡魂，一方沦为死囚在铁窗

里懊悔终身的事例比比皆是。情绪的爆发往往不需要什么原因。这里有一个典型的例子：因为有高兴事几个朋友聚在一起庆祝，起初大家都沉浸在欢乐中，充分享受着朋友间才有的乐趣，渐渐地有一人不胜酒力，晕晕乎乎就忘乎所以，说起了不着边际的话题，揭人疮疤论人长短，点到了别人痛处，那人首先是一瞬间的震惊，加上醉酒不怎么清醒，没有任何先兆地怒火陡然升腾，化作八百年的仇恨，顷刻间带着谩骂抄起酒瓶无所顾忌地当头狂砸，别人倒地他也没有清醒，纵使是情不能自已也是害人害己。酒虽好，千万不要自不量力，喝得不能控制自己，不是每个人都能醉生梦死，把握不好，真出了大事想醉死梦生也回天无力。所以在此笔者警告大家：心智在任何时候都不能泯灭，所有的灾难都是在心智泯灭的瞬间产生的。希望每个人能够掌控好自己的情绪，避免在不值得的人和没必要的事情上生气。因气而疯，狂到必杀之而后快的恶念就会助长你的邪恶无法控制；因气而病，病气缠身谁也救不了你。

每个人都希望自己的能力能够不断突破，尽快实现自己的人生理想与抱负。我们每个人都有一份工作，都有一个职位，不管高低，半年或一年以后，公司没有跟你说再见，就证明你是胜任这个岗位，能够在这个位置上有所作为的。可这远远不够，满足于眼前的利益，你便没有发展前途。

在理念上你必须不断超越自己，才能发挥出超越自己职位的能力，才有超越别人的机会，任何事业不是你超越别人，就是别人超越你，我们都是在这彼此超越中成长。风花雪月虽好，那只是一种情调，哪有在现实生活中金戈铁马地拼杀出一片事业的天地更长志气？在十字路口短暂的停留是为了做更好的选择，过多的犹豫会使你心生恐惧，导致成事不足败事有余。

图片来源：笔者手绘。

我们要有壮士断腕的魄力主导思维与行动，果断决策，善于谋当事者清、旁观者迷的局。情感与理性搅和在一起，有理也说不清，讲清了道理，再回过头来关注情，这时候情才会真，因为它去掉了虚伪，不打不相识说的就是这个理。因为矛盾从对立走到和谐相处不容易，大家会更加信任，因为来之不易才彼此珍惜。

人都是感情动物，都明事理，可一旦感情用事，就很难服理，彼此就容易误入歧途不讲道理，这时候我们就要以事实为依据，条理清晰地列举出具体事由证明所言不虚，坦诚地分析矛盾激化的利与弊，给对方一个选择的机会，解决问题的出路就是大家都要冷静看清问题出错在哪里。从根源处入手，分清彼此的责任和义务，哪些是你该做的，哪些责任是你要承担的，主次分明，问题就化解了，心结就打开了，矛盾变没了合作才能进一步深入，为谁服务不重要，重要的是通过合作大家能够各取所需，各尽所能，各有所得。

在纷繁的生活中，总有一些人、一些事，使我们情绪激烈、心生不快。笔者希望你能谨记：不为失败唱衰，只为成功喝彩。要想自己的企业强势不倒，就要学华为预见未来，遇见好人好上加好，遇见坏人就要提防着其损招到底有多坏。任正非提醒我们每个奋斗在自己事业线上的人，世界纷繁复杂，你最得意的地方往往是你最薄弱的地方，可能随时都会有人对你下死手，你要不怕，就要先期不惜代价地扛下，才能不惧别人任何时候出手掐自己咽喉。

你是否一直过着迷茫、焦虑的生活，找不到自己生活的重心在哪里？许多人都问过这个问题：我的生活重心在哪里？其实我们每个人的重心都一样，就是兑现你对国家、对社会、对事业、对家庭的爱。尽自己所能，成功地解决你所遇到的事情，让爱能够继续传递下去。

先入为主往往会出错，去掉虚假才能成真。《因法之名》这部电视剧可能看过的人不少，办案人员从当事人的情绪出发，结合现场遗留的证据主观认为犯罪嫌疑人符合罪犯特征，不管有无伪造嫁祸的可能，最后通过不是证据的证据形成证据链，认定嫌疑人有罪，最终形成冤假错案。为什么会导致这样的结果？办案人员出于家庭或个人的原因，或多或少地夹杂着对嫌疑人的怨恨情绪，导致偏离正义，让道德观念占了上风，就放弃了疑罪从无的原则去办案，先入为主，用不可能的证据成为

佐证他人有罪的推定，而一步步去证明别人有罪。用这种方法十有八九都会造成冤假错案，果不其然，嫌疑人父子都经受了同样的苦难命运。正义和公正的办案必须疑罪从无，就是所有的证据都指向嫌疑人，哪怕只有一个小小的疑点，都要认真地查实，真正的铁证如山是要靠科学检验的证据才能组成完整的证据链，确定他人有罪。情绪的影响无处不在，它会左右你的判断和影响能力的正常发挥，控制你的情绪在生活与工作中十分重要。

# 第五节　能控制自己情绪的伟人足以掌控世界

拿破仑曾说过：能控制好自己情绪的人，比能拿下一座城池的将军更伟大。为什么这么说？因为控制不住情绪的人很可怕，世界上任何动物失去理智都会不可理喻，疯狗发狂会咬人，人失去理智小到打架斗殴大到杀人放火等无恶不作。企业家失去理智，会制造各种骗局遗祸良善，一国元首失去理智，就会将恶毒之手伸向他国，灭绝人性，坠入战争等灾害的深渊。一个人如果不能控制自己的情绪，就会泯灭人性，吞噬良知，没有理智不计后果地做出鲁莽的行为。

1. 为了自己方便不顾他人安危

重庆万州的一名乘客因为错过车站下车，强行要司机停车满足自己的要求不成，与司机争抢方向盘导致车辆失控而坠江，一个人不要命夺走了几十个鲜活的生命。没有好心态的人总是计较个人得失，从不将别人的利

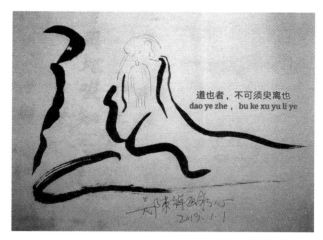

道也者，不可须臾离也
dao ye zhe，bu ke xu yu li ye

图片来源：笔者手绘。

益放在眼里，往往会酿成悲剧。心态放宽的人才是会享受的人，下车走走路，当作是锻炼身体的运动，岂不两全其美。其实错过一站又有什么呢？善于将坏事变为好事的人才是最快乐的人。

2. 让你好人不做到底

浙江一个富有的家庭雇了一个很称职的保姆，见她干活勤勉，就事事迁就，保姆家大事小事都热情相帮，几百元的奖励与问候，几万元几十万元的借款都援助，只有一次没有帮助，于是怀恨在心，心生歹念，一把火烧了雇主的房屋，理由竟然是多少次都帮了，凭什么这次不帮？

3. 因嫉妒生恨

某学生千辛万苦勤奋学习考上了重点大学，在校期间也一直很努力学习，因为家里经济条件有限，世俗的偏见总是给他带来烦忧：再努力也不可能享受到别人的生活，再奋斗也改写不了穷人与富人的差距。气不打一处来，心魔慢慢成长了，于是举起了疯狂的砍刀，砍死了他人也毁灭了自己。

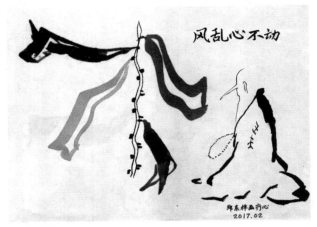

图片来源：笔者手绘。

**4. 一根筋，认死理的人在暴怒时更可怕**

容易暴怒的人从不换位思考，从而可能说出事后难以解释或弥补的激怒话语，甚至做出让人悔恨一生的疯狂举动。

一根筋的人从来不认为自己有错，总是认为别人是故意为难自己，特别是在失意的时候，更听不进反面意见，特别是那些冷言冷语讽刺伤人的话语最容易刺痛人心，心理压力大的人更承受不起。以至于人设崩塌，情绪失去控制，做出过激行为。小的失误教训与惩罚不但不能警醒一根筋的人，反而会使这种人变本加厉，更加暴戾。在他心里，仿佛全世界的人都在跟他作对，只有毁灭这个世界才能让他平复仇恨。心中有魔种，处处生恨意，愤世嫉俗，看人看事都用有色眼镜看，从而离正确的人生轨道越走越远。而另一种一根筋的人却截然相反，他们很有理智，他们的心智超越常人，求知欲非常强烈，选择好走什么职业道路，意志坚定从不后悔，笃定信念，以超常的毅力克服一切困难，往往能取得惊人的成绩。

140

以上事实说明，人本善良，你一心向善，善举善为就会一生与你相伴。人不是生来就好就坏，而是选择了错误的观念与行为方式才使人走上了截然不同的人生道路。

图片来源：笔者手绘。

# 第六节　你已经身处风雨中，又何惧风吹雨打

你总是为过去发生过的事情后悔，却看不到生活在当下的意义，你的心智出现了不可饶恕的问题，与其漫无目的地后悔，还不如快刀斩乱麻，告别过去，使自己重获新生，做一个不一样的自己。

你习惯性地畅想未来的种种生活，却不能脚踏实地地一步一步做出改

变，这种习惯你认为还有必要继续吗？即使难改也一定要改掉，改得越早越彻底越好。

你想要改变，想要开始一种全新的生活，却丢失在"想要改变"的迷雾中。跟着感觉走不一定有错，但始终无法达到自己的理想与要求。

你耗费大量的时间去制定目标计划，却没有想明白最重要的事是什么，也就往往束之高阁，从没有实施的机会。从觉察到自己做得不好时就要谋求改变，在改变中求真与创新，战胜自己，超越别人。

有人活着用心灵，有人活着用心境，有人活着用脊梁，有人活着用膝盖。你若心生热爱生活的火种，你的生活就真的变得很美好；你若心情愉悦地去工作与奋斗，你的事业将一路辉煌；你若挺直脊梁坦坦荡荡做人，神仙都会为你开路；你若遇事就退缩，没有做人的胆气，跪地求饶也没用，只是贬低了你自己，践踏了自己，丢掉了尊严，丧失了自卫的能力，你就什么都不是了。人只有立着才是"人"，趴下就是"一"，而且是一无是处，要想自立于世，就要有美好的心灵，在快乐的心境中陶冶出最美人生，难题拦不住，困难压不倒，坚强走自己的路。

处处留心皆学问。同样的晨练跑步，同样的大街与绿树行人，落入每个人的眼中，却是各有体会。有的人只是跑跑步，什么也没有得到；有的人既跑步又与人交流，获得了友谊与其他合作的机会；有的人不但跑了步交了好友，还从沿途的绿树秀色中领略大自然的魅力与生命价值，感悟出新鲜的美好，提升了心智能力，收获多重喜悦。

一般物华两重天，也无阴晴也无烦。万事总有心来去，勘破月圆自然残。君看秋叶化绿枝，总有雨后别样天。

希望是一次次低谷处的累积。一个知道自己初心的人总是不会忘记用

人至中年
每日在情绪中为奴是苟且。
经过的生活有没有品质，
看这个人有没有满心的欢喜，
满怀的感恩，
出口是好话，温暖语。
活一份洒脱自在，
接纳发生的一切。

洒脱

图片来源：笔者手绘。

累积超越低谷。低谷最有价值的地方，是可以有机会在癫狂处看到肤浅的自己，在落寞时读懂自己的狭隘，在逃避时看到自己的怯懦，前拥后簇时看到虚假的迎合。直到你开始决定卸掉这些面具，看到通透的出口，别有洞天无限开阔。因为有希望，所以才不会再迷茫；因为有努力，才会有成功；因为你智高一等，你才能领先他人一步；因为你心智领导力卓越，你才能成为智慧领袖。

荣誉、权力与地位是一个人成功的象征，对成功人士的奖励往往都会举行各种形式的活动大张旗鼓地表彰，给当事人带来无上荣耀，给后来者以榜样的力量。虽然这仅仅是一个仪式，但人们往往愿意去追逐、去超越、去体现自己的价值，渴望红地毯、鲜花、掌声都是为了自己而铺设、而绽放、而响起。

# 第七节　学有所用，用有所专，
# 不忘初心，方得始终

每一个生命都有机会富足快乐、充满能量，只是，大多数人都把这种能力交付给了外界。财富的修行就是我们与所有外界关系重新梳理的过程，我们与自己、与父母、与正能量朋友进行正面解读。我们为什么要学习？因为学习大有用。心中少知唯有通过学习长智增值。学习的历程，不是去学知识，是我们通过一些人与事，看到我们成长的空间。学习领袖为人处世，让我们看到一群骨子里爱生活、传递正面思维、传递格局认知的人。错过的学习究其根本，是我们有时错过了原本我们需要更新的认知与思维模式，缺失了对资源的了解与掌握。资源者与资源者倍增，消耗者与消耗者锐减。消耗者整合资源，被资源体边缘化，都是我们从现在就要着手做的事。没有统一的规范，但有大同小异的引领。

不了然于胸的世界，不能协助我们的江湖更开阔。《射雕英雄传》里江南七怪可以整合南帝北丐来合作。杨康的心术只能与欧阳克勾肩搭背，虽利益紧密，但永不信任。郭靖愚钝得有智慧，所遇到都是资源，助他纵横江湖。人在低处，不忘初心，时间会给一个答案。《射雕英雄传》里的江湖，唯有郭靖是个整合资源的高手，整合黄蓉，就有一个桃花岛；整合哲别，就有大汗金刀；认识一个丘处机，连接一个马玉，参与一个天罡北斗阵；结识一个七公，便会降龙十八掌与天下争。没有套路，他的商业模式是：善良不计较。所以，"长得像杨康，不如做得像郭靖"，这是笔者理解的江湖。

人类终极的智慧从来都不是来自教育，教育不是教会我们模仿，而是帮助我们探究。它是一种无限的包容力，一种自由的思想，没有公式，真实发现自己的能力。

"有所忧患不得其正，有所恐惧不得其正"，先贤明白智慧来自哪里。道家问智慧于自然大道，老庄参水知上善，观树是有用，梦蝶知自由，释迦牟尼观众生之苦得苦之来源，皆出贪嗔痴慢疑，显光明心性，见慈悲开示。孔孟阳明，皆观一体之仁，视四海之内皆兄弟也，仁为君子之好，仁中探求知己自明者也。

探求自我真相，一切虚妄自菲薄之相，昭然如镜中尘，观照可自显。

第十章

# 心智不稳　何以稳住大好事业

心智稳定，历来是用人唯贤的主要标准之一，因为心智不稳就难以把持大局，一旦出错就是大错。

# 第一节　稳心、稳性、稳行，稳操胜券

到了新疆才知道，天地间有一种开阔，就是新疆的开阔。辽阔的疆域，看到近处的骆驼仿佛是远天的缩影，渺小的自己就是这沙漠的一粒沙子，随时可能被狂风吹起又在风停后的某一处降落，天地有一种回归，叫回归自然，到这时你才会有真切的体会。

关于这个"稳"字，《说文》有说："蹂谷聚也"，即将谷粒蹂践聚集，使谷壳和米分开。有了粮食，一年农事已毕，谷既取，则岁无忧矣。粮食丰收了，余量足够一年食用，多出的部分可以换取钱财购置衣物等，可以过上丰衣足食的生活了，从而凸显安稳之意。这就叫手中有粮心中不慌。没有粮食你会挨饿，没有衣服你会受冻，就好比你没有本事就赚不到钱财，就买不到你想要的东西，就不能满足你生活的愿望一样，你要想生活稳定，就要有能够生活的基础，你要想生活富裕，就要赋予自己能够赚取无限财富的能力。从认识"稳"字开始，你就清楚自己该如何努力。"稳"常作稳固、平稳、稳重、稳妥、稳定之用。稳字拆开是"禾"（何）"急"，原意是播下种子要等它慢慢生长，不要拔苗助长，任何事物都有它生存的道理，不要随意地去破坏它。延伸到现实生活中，我们无论遇到任何事，都不要急于求成，这就是告诉我们办事要稳。

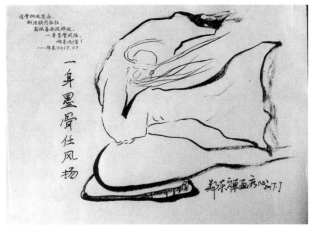

图片来源：笔者手绘。

# 第二节　为什么要稳

要想后继有人就要培养好接班人。传宗接代不仅对于兴旺的家族重

要，对发展中的企业也很重要，对一个国家更重要。你不可能一直好，你个人能力再强也有老无所用的时候，无论出于何种场景，培养好合适的接班人很重要。后继无人，你所有的努力都会前功尽弃。教育孩子要从娃娃做起，言传身教，教他做人的道理，教他学会逻辑思维，教他今天不努力学习明天将被最好的生活所抛弃。美好的生活都是别人努力的结果，只有对孩子进行正确的引导，才能让他健康成长。如果一味地放任自流，没有进取心而只是按自己喜好做事，玩心太重就会彻底玩废了人生。就像没人管理的野草一样，野火烧不尽，春风吹又生，长得再多再快，也是野草，价值很少。一个人如果只为简单地活着，就没有生存的实际意义，只有承担起家庭责任，事业责任，社会责任，你才能对人生说：我的人生从来就不平凡。

王阳明《传习录》中有关于个人良知与是非的评说：应好是而恶非——良知只是个是非之心，是非只是个好恶，只好恶就尽了是非，只是非就尽了万事万变。良知仅是判别是非的心，是非仅是个好恶。明白好恶就穷尽了是非，穷尽了是非就穷尽了万物的变化。

王阳明认为"良知"作为人内心的是非准则，具有知善去恶的能力，人们能够凭借它去辨明是非善恶。也就是说，一个人发自内心的道德修养，会影响他的言语、行为以及为人处世的原则，小则影响他在利益与仁义之间的取舍，大则影响他的人生道路是荆棘坎坷还是一片坦途。

无论我们做什么事，都要对得起良心，做好每一件事都是生活的需要，是我们生存的必然。不是为了做给别人看的，不是走自己的路，任由别人去评说，而是自己要做得够好，除了赞扬，让人无话可说。

图片来源：笔者手绘。

同样的努力同样的做事，结果没有别人做得好，会让人很郁闷。表面上可能你们做得很一样，其实内有区别，从外看来你们几乎付出了同样的努力，但别人内心细致可能更善于将事情处理得更完美，并且留有余地，做好了未来后期的发展计划和执行措施，有精打细算更有落到实处的步骤与特色分析，做一步看十步，步步创新，充分考虑困难的不利因素与可利用因素及借力的主要环节，虽说不能百分百保证万无一失，起码成功的概率让人执行起来无后顾无忧。

什么叫稳？这就是稳，遇事不急，办事踏实，让人宽心放心。不为挣表现，只为实际解决问题，没有万无一失的对，也没有千篇一律的错。对的时候要把握住每一次机会，因为觉得对，你做起来更有信心，因为感觉不错，所以就会大胆地去尝试与努力，因为你的能力与愿望匹配，你做每一件事才会游刃有余。成功不是偶然，因为你发现得及时，处理起来就顺手顺心，在别人还在观望、徘徊的时间里，你已经做成功了，不是你天生

高人一等、胜人一筹，而是你智力过人，行动快人一步，责任心强人一步，担当向前一步、永不落后，谋略过人一步，你就能将事做好。

飞鹤奶粉总裁冷友斌从零创业，背负1400万元品牌空壳债务，依靠100多名技术人员团结的力量，使企业从无到有、从小到大、从弱到强、从国内到国外，将飞鹤奶粉做成专为中国宝宝而食用的奶粉，奠定了中国大品牌形象，由负债千万元到盈利几十亿元，他们走出了一条自己成功的民族品牌之路。创业开始，冷友斌这样告诉队友：我现在不但一无所有，还要承担使用"飞鹤"这个牌子的1400万元债务，你们跟我干很辛苦，虽然我们以前创造过不少奇迹，但我们今天是从零开始，前途未卜，你们想走，我给安家费，咱们兄弟一场，不能亏了大家。要跟我干，就要艰苦

图片来源：笔者手绘。

奋战。所有的员工都愿意跟他干，最终，在大家的共同努力下，产值从几千万元到 1 亿元、5 亿元、10 亿元，现在已经突破到 70 亿元。人还是那100 多人，领导还是那个领导，他永远是员工心目中的冷友斌总裁。独家生产，不搞加盟，过硬的产品品质，专为中国青少年儿童体质设计的配方，销售到世界各地，有华人的地方就有飞鹤，调配适合中国人体质的产品，质量永远第一，食者放心安心。

# 第三节　从简单做人到做成功之人

认为自己不简单，才敢去做许多不可能做到的事。

为什么善于逆向思维与逆向行动的人多是成功者，都是干大事的人？从一个方面看问题往往会有许多片面性，而善于从正面学习又从多途径看清事物的本质的人，更容易抓住成功的机会，不成功都难。

如果今天你很贫穷，不思改变，明天依然会继续贫穷。因为你怀疑一切，什么都不敢尝试，一事无成就会一直属于你。人生有一种遗憾，就是想做却没有机会做；人生有一种悲哀，有机会做却不敢做；人生有一种最难改的错，就是这世界一切都在改变，唯独你没有变，因为你不改变所有的事物都会离你远去，这些都与你没有任何关系，你要接受落伍就被淘汰的事实。

疯狂的人往往会发出怒吼，没有节制地咆哮，就像一个完全丧失理智与理性的人，这样他的感知力已经变为零的时候就十分危险。好比他站在

一块正在塌陷的土地上咆哮、怒吼，地底下正在不断地塌陷、抽空，离他站的土表越来越近。世界上最悲催的事是发生在自己身上却浑然不知，就好像天塌地陷了你都感觉不到，还在那里对别人咆哮，下一刻瞬间坠入深渊。

人工智能化正强势进入我们的生活空间，大数据平台经济、云思维、云科学发展迅猛，新纪元新潮流势不可当，汹涌澎湃滚滚而来，这潮流就像奔驰的骏马，你在它的屁股后面追，永远都追不上，只有骑到马上去，才能与马跑得一样快；只有骑在马上，你才有快马加鞭的机会。

心智领导力是要指引你任何时候都要做出正确的选择，不会飞的小鸟需要的不是让你教它如何飞，而是要教会它如何防范风险，如何独立生存，只有活下来才有希望，只要自己能够活下来，等到羽毛长齐长大自然会飞，前提是要活到能飞起来的时刻。不能因为你没有走到大海的尽头，就说大海无边，只是你没有到达过而已。要想自己生活精彩，就要无时无刻地不懈努力沿着自己规划的路走下去，才能见到你每一天的努力结果，才能发现你每一月奋斗的收获；想让自己的生命绽放辉煌，就要风风火火地去干好自己的事业，在自己描绘的蓝图上增光添彩，才能享受事业成功的乐趣，才能自己创造奇迹，不再只会骄傲而是更会成长。人生之路就是在你死亡之前如何生存的道路，你选择走多宽多大的路就要承担多大的责任，多用一点心去辨识认知，将心智磨炼成一种强大的领导力，指引你前进的方向，领导你打开成功的大门。

人生如花，花开花落花满天，你是否就是最灿烂的那一朵？这其实都无所谓。重要的是我们不只是追求花开花落的美丽，还要结出丰硕的果实。

图片来源：笔者手绘。

时间有限，人生更短暂。一个人一生经历过无数岁月，也无非是幼稚 3 年、无知 3 年、虚妄 3 年和求知 10 年度过青春少年时期，又 3~4 年继续求学，便踏入社会，努力工作 30 年，不管有没有成就，中年的脚步都将远去，在艰苦奋斗中又熬过了 30 个寒暑，身体渐衰人已老迈。总之只要是人都会离开这个世界，人可以用来做事的时间可谓少之又少。因此，无论是事业经营，还是人生修行，一外一内，都是殊途同归，真正做成一样就已经很了不起了。

要想不平庸就得拼搏，缺什么就学习什么，什么有用就积攒什么，没有多少智慧，没有多少经验，也没有多少物质依赖，都不要怕，因为

志气、毅力、拼搏精神就是最好的资本，因为相信所有的事业都是自己干出来的，所以要趁自己年轻有为身强力壮抓住一切机会努力去干，开创出自己的一番天地。

图片来源：笔者手绘。

社会不会单独教你怎么做人，但会向你展示什么是好人坏人，要成为什么样的人全在你自己选择；环境不会单独让你成长为什么样的人，却会让你认知这个世界，让你知道什么是现实，让你看清别人是如何改变这个世界的，你在这环境中是个什么角色，在于你选择走一条什么样的道路。

有的人天生就不服输，就爱挑战极限，去攻克难关，拥有智慧成为强者，统领一方；有的人自甘堕落，遇事就妥协，终究碌碌无为平庸一生。不是天地有意如此安排，而是人和人生存的意志与能力不同，细微差距就会出现天壤之别，命运就像天上的星星，有的星光灿烂，有的黯淡无光。

强大和持久的战斗力不是别人给予，而是自己要学到真本领，这时代凭的是真本事吃饭，没有真本事就只有靠边站。这就像大树深深扎根于地下，才能枝繁叶茂，茁壮成长。人才要有真才实用才是人才，百无一用就是蠢才，你遇事迟疑就会错过很多好的机会，所以"枝叶"再大也是无用之才。

古人云："心为万力之本，由内向外则可生善、可生恶、可创造、可破坏。由外向内则可染污、可牵引、可顺受、可违逆。修之以正则可造化众生，修之以邪则能涂炭生灵。心之伟力如斯，国士者不可不察。大凡英雄豪杰之行其自己也，确立伟志，发其动力，奋发踔厉，摧陷廓清，一往无前。其强大如大风之发于长合，如好色者朱之性欲发动而寻其情人，决无有能阻回之者，亦决不可有阻者。"

"愚人只知道，智者有愿力。""道力之限，要靠愿力突破。"心为力所智，力为智所使。心中的愿望再美好也要有能力才能实现。"意之所向，心之所往，力之所及，神之所聚，毅之所达，利之所在！"心中立意已明，就要集中精力去实现它，有心意有能力有精神就要融入到实际行动中去，将所有事情都做好，自然就会得到你需要的利益。

# 第四节　稳对我们有什么好处

　　稳，对我们每个人来说都非常重要。家庭稳定是生活的需要，生活稳定是财富的支撑，财富稳定需要事业稳步发展，事业稳定需要能力与智慧，能力稳定是不断学习与社会实践的综合表现。做事不稳就是做事不力办事不牢；走路不稳就会经常摔跤；心智不稳，心里就会憔悴，麻烦事就会一大堆；家庭不稳，生活肯定不和谐，矛盾重重就意味着面临分裂；事业不稳，工作就会目无章法，丢了东失了西。所以稳定对任何个人、集体、国家都很重要。

　　一个人有稳定的事业，生活和家庭都有保障。一个集体事业发展稳定，社会便多许多安定因素。一个国家政治稳定，经济发展才能持续。一切的稳定都在证明实力的强大，没有强大的实力做保证，想稳也稳不了。所以说发展才是硬道理。只有先人一步让自己发展起来，才能制定新的游戏规则，让别人遵从规则办事。只有自己站稳了脚跟，才能立于不败之地，才能维护稳定的环境，才能稳步地发展自己。

# 第五节　所谓的稳成持重如何驾驭

稳成持重是成大事者的能力，能稳定大局，掌握时事谨慎行事，不落入别人的圈套，就需要超常的智慧和决断能力，未雨绸缪，善借天时地利人和之势，广为我用，就能收到出人意料的效果。以不变应万变那是傻子的行为，以万变应一变，才能防患于未然。你有周郎计我有诸葛谋，你有夺人之巧我有收拾你之妙。世间万物都在相生相克中成长，不在成长中壮大就在成长中灭亡。千百年来，只有稳成持重者才能见到这世界变化的精彩，行事不稳者得到的往往都是无力的叹息与无能的结局。因为你自不量力，世界之墙与正义之墙会让你到处碰壁，最终被滚滚向前的历史车轮碾于尘沙中。

出门晴带雨伞，远行多备干粮，是老祖宗流传下来的古训，我们今天干的任何事都有用。在我们的生活中这样的事例比比皆是，如开车都会带备胎；处理各种事物都会有好几种规划与计划；军队演习与打仗都会有明确的作战意图，并要制定出若干执行战略方案。中国的企业经营管理与产品开发，往往是生产还在旧一代，就依靠强大的科研实力，又往前研究好了几代储存下来，创新以备发展市场，同时更进一步研发更先进的几代。要想不被对手超越，你就只有走在对手前面。即使面临诸多艰难困苦也要做领路先锋的开拓者，不做清闲安逸的"跟屁虫"。

# 第六节　稳扎稳打，无限可能

新的一天毫无疑问不再是昨天。变化之大令每个人都在怀疑人生：这世界到底怎么了？这么疯狂？看不透的还在迷茫，看透了的还在徘徊，只有那些似懂非懂的人才在大胆地尝试、在认真地办事。他们的成功不是偶然，而是必然。因为你不学习就不会有别人那样足够的能力去征服这个世界；因为你不努力，你的能力就永远不如别人强；因为你落后，就避免不了吃别人绝尘前进的灰尘，就是被后来居上者践踏入泥里。

野心有多大不一定能力就有多大，能力有多大野心就足够大是不会有错的。这个世界从来就不缺乏野心之辈，因为世界在变化，每天都充斥着无限可能，同时，也滋生了诸多野心，因为有野心，才会在无限可能的世界中创造无限精彩。有野心才能多干事，但野心不代表实力，不代表结果，更不代表成功。只有将野心变为实际的动力，用实践经验来证明你所想不错，用能力来证明你的野心足够成熟，用成功的事实来说明你的野心是真实可靠的。

这个世界空想家数不胜数，各种理论也很丰富，他们大多眼高手低、好高骛远，这类人终究会与成功失之交臂。就像感情没有大小一样，只有真情实意才可谓之真心。没有太大的野心不要紧，只要具备踏踏实实稳扎稳打的精神，同样能为世界创造精彩，为自己赢得成功。

马云就是一个天生的野心家，他先确定野心目标，然后组织人力物力财力去做，证明自己能行。他始终坚信自己能行，哪怕自己的野心目标很大，被许多人当作是不可能实现的目标。哪怕别人都嘲笑你，你的执着追求和奋斗的决心也足以让那些和你有同样野心的人聚在一起，获得他们的钦佩和尊重来帮助你，你没有奋斗目标就没有战斗的机会，不要说你能不能赢，连输的资格都没有了。人无完人，是因为你不可能什么事都做好，但你可以专业地去做你想做的事，将其做到你认为的成功。水无常势，是因为水表面柔弱无力，但却暗藏诸多凶险，一旦它涌动出力量，就会势不可当，一往无前。

有人说平凡的人生可以过得很惬意，没有不平凡人生那么多的苦恼与劳累。但生得很平凡很简单，只有做出不平凡的事才可以活得很精彩。只有迈开双腿去奋力攀爬才有可能登临大山的巅峰，坐在椅子上晃动二郎腿，只能仰望山顶发出感叹与幻想，不付出行动，怎么能够实现你的目标？一个人死要面子活受罪，放不下面子，就赚不来足够的钱反而丢掉你的面子。没有面子的里子再聪明也没有用，只能证明你才是真正的傻。所有的虚荣心和所谓的面子才是砸死你的武器，因为它们证明你放不下它们就会不努力，其结果就是你什么都没有做对，你什么都不是。

有才能的人往往败给自己的傲气，不屑一顾，就难有成就；没有才能的人往往败给自己的懒惰，总期望明天能干好，一天又一天，一年又一年，不怎么劳累也没有成果，等老了才想明白为时已晚。

人想穷很容易，不用去努力奋斗。要想富裕就十分的不容易，就要做好艰苦奋斗的准备。想想：大家都是人，为什么别人能成为人上人？大家都是一段生命，为什么自己成为人下人？为什么别人住着别墅，而我们还骑着电动车，风吹日晒的，一个月拿着几千元的工资，过着辛苦的生活？

青年人要争着当老板，只有学会了当老板，赚多赚少你都会活得很滋润与自在。人生要么精彩地发光要么卑微地死去。人死后不仅仅是立个碑这么简单。

一个19岁的孩子经过一年的奋斗成功后，朋友的妈妈问他：为什么你年纪轻轻有这么大的成就，又给父母买房买车的，而我的孩子现在还在上三流大学？这个孩子说：我一年前也是一无所有，但我做了最明智的选择，不要听妈妈的话，因为父母从小就教导你，好好学习，灌输的思想永远是以后找个好工作，那么长大了就是找个工作，为别人打工，从来没有提醒孩子，好好学习，以后当个大老板。当朋友的妈妈问他，你成功的秘诀是什么，他说：很简单，加入一个好的平台，和成功的人在一起。

马云说：很多人晚上想想千条路，早上起来走原路，每天过着十年如一日的生活，因此，你穷是因为你没有野心。

1. 没有太大的野心，以实干起家，很看重成功

成功对于每个人来说，都是最实际的需求。追着梦想飞不如求着目标走，更能实现成功。不管是做人还是做事都要很务实，有规划，不盲目、不空想、不做一些不切实际的梦。成功并不在于你把目标定得多高多远，成功更在于规划好眼前。实干派都讲究求真务实，不会把目标定得太过遥不可及。因为他们都知道，成功是靠踏踏实实累积，从眼前、从小目标出发，努力取得小成绩，小成绩累积到一定量后，再进一步扩大。并且，不管是小目标还是大目标，都需要不断拓宽你的视野，拓宽你的心智领导力，拓宽你前进的道路，提升你的能力，你才有资格站在成功的终点说：我的成功属于我自己。没有人比你更了解自己，秉承一个"稳"的原则，稳扎稳打，一步是一步，把基础打牢，武装好自己，慢慢提升实力，才能

取得更长远的进步。因为"稳"，我们才能稳步当车，前进有动力。每走一步都有一步的分量，每前进一些就有前进的成绩和价值，因为"稳"才有实干精神，认真地去干好每一件事，由小的成功累积到大的功成，在脚踏实地稳扎稳打中累积惊人的实力，最终实力大于野心，异军突起，将成功掌握在自己手里。

如果，一生的行走不是为了更多的觉醒，我们来这个世界的意义是不是少了很多？有智慧的地方，就有活力，有率真与真实、庄严与亲密、幽默和严肃的自律、动人的悲心与自然的解脱。光之使者，让阳光先驻在自己心田，一切安全、一切希望、一切美好，都有一颗美好的心去播种、去收获。

2. 野心不小，踏实肯干能力强

有大志向、大目标，不似纯野心家那般空想，将目标建立在踏实务实的基础上，是典型的实干派。不管是在生活中还是在工作中都以低调内敛的态度处事，坚持务实原则，把目标定好，然后一点点实现，从不懈怠，将目标当作激励自己的动力，拼尽一切潜力投入自己的事业中。从不怕困难，更不惧吃苦受累，他们是最能坚持、最有毅力的人，做人做事有责任有担当，从不逃避责任，会很务实地做好规划，一步步踏踏实实地去落实去执行，从不急于求成，按照自己的能力努力完成每一件事。

成功本就不是一蹴而就，谁也不能一口吃成个胖子，过程的累积才更重要，在这个通往成功的过程中，不断地让自己从低能变得高能，从弱智变为睿智，从实力匮乏到极具能力，一点点取得成绩，取得成就。每一步踏出去都有重量、有分量，每一天都有进步。一天天成长起来，一步步实现自己的人生规划，在稳扎稳打中积聚惊人的实力，将心智领导力发挥到

极致，想不成功都难。这种人在年轻人中有很多，干对你该干的事，成功总是属于干得对的人，那个人就是你。

3. 野心很大，敢担责任，敢做大事

事业中的佼佼者从来藏不住，才能出众，处事态度严谨，办事作风强劲，仿佛总有使不完的力量与智慧，小事在他手里处理起来很轻松，大事从来不犯迷糊，讲策略讲谋略，工作能力强，个人魅力突出。很多时候，不是因为定了什么目标而达到某种高度，而是一步一个脚印地奋斗，成就了意想不到的高度。他们最善于理论联系实际，善于发号施令，要求令行禁止。而且追求完美，个人与团队做人做事都秉承一丝不苟的态度，注重细节的尽善尽美和每个环节的把控，尽可能将事情做到趋于完美的状态，天生具有领导能力与领袖智慧潜质。

遇到对的导师，一点拨就开悟，遇到对的人一提携就成就辉煌。懂得辛劳付出与成就的关系，从不惧怕付出和辛劳，不管面对多复杂、多繁重的工作，都无怨无悔。无论新人还是颇有成就的领袖人才，都应做好统筹规划后，一步步去完成，不断丰富自身，储备力量，运用自己的优势尽量将事情做到完美。每一个岗位都是他们成功的跳板，他们在稳扎稳打中不断变得强大起来，能力越大贡献越大，所追求的事业发展前途更大，这种稳扎稳打、尽善尽美的良性循环，会使自己地位越来越高，在无形中凭借自身优势达到了一定高度，积蓄惊人的实力，成就了自己的未来，自己越来越成熟，自己的未来成就有多高，谁也说不好，有无限种可能。

未来已来，你准备好了吗？大时代大趋势大能耐，你的人生有多精彩，展现给我们，我们拭目以待。